Arena

Elmar von Salm,
1948 geboren, studierte Mathematik und Wirtschaftswissenschaften.
Seit 1984 arbeitet er als Schriftsteller.

»Brandstiftung« appelliert an Verständnis, Vernunft, Mitmenschlichkeit und Offenheit Fremden gegenüber. Es zeigt sehr klar, wohin Vorurteile führen können. Der Ton ist jedoch nicht belehrend, die Spannung wird von Anfang bis Schluß gehalten. Es regt zum Nachdenken, Diskutieren an.

Eselsohr

Elmar von Salm

Brandstiftung

Arena

Die Deutsche Bibliothek – CIP-Einheitsaufnahme

Salm, Elmar von:
Brandstiftung / Elmar von Salm.
- 8. Aufl. - Würzburg: Arena, 1994
(Arena-Taschenbuch; Bd. 2516: Life)
ISBN 3-401-02516-3
NE: GT

Der Autor dankt seinem Sohn Thomas
für die Mitarbeit am Manuskript.

8. Auflage als Arena-Taschenbuch 1994
Lizenzausgabe des Ensslin & Laiblin Verlags, Reutlingen

Reihengestaltung: Wolfgang Rudelius
Umschlagillustration: Wolfgang Rudelius
Gesamtherstellung: Westermann Druck Zwickau GmbH
ISSN 0518-4002
ISBN 3-401-02516-3

Erstes Kapitel

Dienstag nachmittag: In der Lehrwerkstatt der Stahlwerke Schwerstadt AG lag eine gedämpfte, müde Stimmung über den zwanzig Jungen und Mädchen des ersten Ausbildungsjahres. Den Jugendlichen, die hier auf unterschiedliche Berufe vorbereitet wurden, war anzumerken, daß sie das lange Osterwochenende ausgiebig genossen hatten. Die strahlende Sonne und die milde Wärme des frühlingshaften Apriltages trugen auch nicht gerade dazu bei, die Arbeitslust der jungen Leute zu heben. Mindestens zweiundzwanzig Grad mußte es draußen haben – da würde man natürlich lieber durch die Stadt ziehen, als zu arbeiten.

Sogar Joachim Töndel, der Ausbilder, warf an diesem Tag häufiger als sonst einen Blick durch die großen Panoramascheiben in die Natur, die nach dem langen, harten Winter behutsam zu neuem Leben drängte. Bei den Auszubildenden war Herr Töndel wegen seiner strengen Unnachsichtigkeit gefürchtet; weil er dabei aber gerecht und freundlich war, konnten sie ihn trotzdem gut leiden. Und weil auch die jungen Leute dieses Ausbildungsjahres bei allen Unterschieden und Gegensätzen gut miteinander auskamen, empfanden sie das Arbeitsklima insgesamt als freundlich.

Soeben hatte die fünfköpfige Gruppe der angehenden Elektriker in gemeinsamer Arbeit eine verhältnismäßig einfache Verkabelung für eine Notstromanlage hergestellt. Da schon in einer Stunde Feierabend sein würde, hatte niemand so recht Lust, noch etwas Neues anzufangen. Um nicht als Arbeiterdenkmäler – so nannte Herr Töndel untätig herumstehende Auszubildende – unangenehm aufzufallen, beugten sie sich, scheinbar eifrig in ihren Arbeitsauftrag vertieft, über die Tischplatte und unterhielten sich mit gedämpften Stimmen.
»Du, Selim«, wollte der siebzehnjährige Karl Troll von seinem gleichaltrigen Kollegen wissen, »hast du eigentlich am Samstag Zeitung gelesen?«
Selim Nuray zuckte zusammen. In Gedanken hatte er sich gerade mit den Lautsprecherboxen beschäftigt, die er in den nächsten Tagen für seine mühsam ersparte Stereoanlage bauen wollte. »Nein«, gab er daher nur mäßig interessiert zurück. »Wieso? Standen da ausnahmsweise mal Neuigkeiten drin?«
»Ich weiß nicht, vielleicht für dich. Da wurde nämlich in einem Artikel über türkische Familien berichtet, die vor kurzem in ihre Heimat zurückgegangen sind. Weißt du, mit dieser Rückkehrerhilfe der Bundesregierung.«
»Na und?« Selim zuckte gelangweilt mit den Schultern. »Laß sie doch zurückkehren, wenn sie wollen. Für uns kommt das nicht in Frage.«
»Mensch!« Karin Schwenke verdrehte die Augen. »Wenn mir jemand so viel Geld anbieten würde, bloß damit ich hier verschwinde . . . Da würdet ihr nur noch einen Schatten dahinhuschen sehen! Von dem Geld könnte ich mir eine super Tennisausrüstung kaufen und

bei einem berühmten Trainer in die Schule gehen. Was glaubt ihr wohl, wie schnell ich die Nummer eins in der Weltrangliste wäre?«

Karin Schwenke war das einzige Mädchen in der zwanzigköpfigen Gruppe. Noch heute wunderte sie sich manchmal darüber, daß sie den Ausbildungsplatz für ihren Traumberuf überhaupt bekommen hatte. In ihrer Freizeit spielte sie leidenschaftlich gern Tennis, und jede Mark, die sie irgendwo abzweigen konnte, opferte sie dem weißen Sport.

»Ist ja alles gut und schön«, antwortete Selim, »aber von dem Geld hast du in der Türkei auch nur dann etwas, wenn du in einer der Großstädte lebst. Die meisten Gastarbeiter stammen jedoch aus irgendwelchen gottverlassenen Bergdörfern, wo sich Fuchs und Hase noch persönlich gute Nacht sagen, und da . . . Ach, das könnt ihr euch ja wohl selbst vorstellen.«

»Nicht so ganz«, meinte Bernd Dobrowolski. »Schließlich handelt es sich bei der Rückkehrerhilfe um einen dicken Batzen Geld, und Geld kann man überall ausgeben. Wieso habt ihr eigentlich keinen Gebrauch davon gemacht?«

»Du lieber Himmel!« Selim seufzte. »Meine Eltern sind seit bald zwanzig Jahren in diesem Land, und wir Kinder sind alle hier geboren. Da geht man doch nicht einfach weg, bloß weil ein paar Mark locken! Wir haben uns hier schließlich etwas aufgebaut – sogar eine astreine neue Wohnung haben wir gerade bekommen.«

»Waaas?« Karl Troll spielte den Beleidigten. »Du bist tatsächlich umgezogen und hast keine Einstandsfete gegeben? Das gibt's ja wohl nicht!«

Bernd Dobrowolski, der nahezu jeden Abend auf irgendeiner Party war, hakte sofort nach. »Das ist wirklich 'n Ding! Nun rück bloß mal flott mit der Adresse raus. Du wirst dich wundern, wie schnell wir bei dir auf der Matte stehen.«

»Langsam, langsam, Freunde«, beruhigte Selim seine scheinbar aufgebrachten Kollegen. »Natürlich gibt es 'ne Einstandsfete – versprochen! Aber immerhin wohnen wir erst seit vier Wochen in der Wohnglück-Siedlung, da könnt ihr euch ja denken, daß noch jede Menge zu tun ist, bevor wir einigermaßen Klarschiff haben. Im übrigen läuft bei einer solchen Fete ja auch nichts ohne den richtigen Sound. Mensch, ich bin gerade dabei, ganz irre Superboxen für meine Anlage zu basteln. Wenigstens zweihundert Watt . . .«

Ehe er sich in sein Lieblingsthema verbeißen konnte, fiel ihm Josef Zimmer ins Wort. »Wohnglück-Siedlung? Sag bloß, du meinst diese Asozialenwohnungen! Die liegen doch auf dem ehemaligen Zechengelände, wo sich die Treureal AG als Stadtsanierungsträger eine goldene Nase verdient hat, oder?« Josef, mit sechzehn Jahren der jüngste der Auszubildenden, interessierte sich für politische Zusammenhänge. Daher wußte er natürlich, daß die Bebauungspläne für das stillgelegte Zechengelände in Schwerstadt seinerzeit für erheblichen Wirbel gesorgt hatten.

»Asozialenwohnungen?« fragte Selim gedehnt. »Na, ich weiß nicht. Ich muß sagen, daß wir uns da richtig wohl fühlen. Wir haben eine tolle Vierzimmerwohnung im vierten Stock. Eine irre Aussicht hat man von dort oben, ehrlich.«

»Darauf pfeife ich!« ereiferte sich Josef. »Pah, in so einer Betonkaserne möchte ich nicht mal 'n Bild von mir an der Wand hängen wissen.«
»Ist ja auch wahr«, bestätigte Bernd. »Ich war da vor zwei Monaten mal auf 'ner Fete. Also, ich weiß nicht – Block an Block, fünfhundert Wohnungen, glaub' ich, in vierundzwanzig Häusern. Nee, für mich wär' das nichts.«
Ironisch ergänzte Josef: »Und alle schön einheitlich mit wunderhübschen, leuchtendbunten Aluminiumfassaden verkleidet – herrlich! Mensch, Selim, wie kommt ihr denn ausgerechnet da hin?«
»Ach, hört auf – ihr habt doch keinen Durchblick!« knurrte Selim wütend. »Was glaubt ihr denn, wie das in der alten Wohnung in Osterfeld war?«
»Was?« wunderte sich Karin. »In Osterfeld habt ihr vorher gewohnt? Sag bloß in Klein-Ankara!«
Bei dieser Frage wurde Selim Nuray einmal mehr deutlich, wie wenig sie innerhalb der Gruppe voneinander wußten. Zwar arbeiteten sie seit einem halben Jahr zusammen in der Lehrwerkstatt, aber in ihrer Freizeit gab es kaum Berührungspunkte. Da hatte jeder seine eigenen Interessen, seine eigenen Cliquen. Und er, Selim, hatte eigentlich nur seine Familie.
»Ja, Klein-Ankara«, antwortete er ziemlich bedrückt. »Dabei war das früher mal eine gute Wohngegend – wißt ihr, so eine urgemütliche Bergarbeitersiedlung. Mein Vater war richtig stolz, daß er als Gastarbeiter damals überhaupt diese Wohnung dort bekommen konnte. Und heute? Das reinste Türkengetto! Was glaubt ihr wohl, wie selten ich in letzter Zeit noch zu Hause war,

weil ich diese ewige Türkenmusik, die türkischen Gerüche und das türkische Geschrei nicht mehr ertragen konnte?«
»Wieso denn das?« Bernd war anscheinend fassungslos. »Du bist doch Türke – wie kannst du dich über diese Dinge aufregen?«
»Witzbold!« fauchte ihn Selim an. »Deine Vorfahren werden ja wohl vor nicht allzu langer Zeit aus Polen gekommen sein. Fühlst du dich deswegen noch als Pole?«
»Blödmann!« rief Bernd so laut, daß Herr Töndel aufmerksam wurde.
Langsam erhob er sich von seinem Schreibtischstuhl und schlenderte, die Arme auf dem Rücken verschränkt, zu seinen Schützlingen hinüber. »Na, meine Lieben«, meinte er gemütlich. »Wohl Langeweile, wie? Feierabend ist erst in zwanzig Minuten. Und wenn ihr gar nicht mehr wißt, wie ihr die Zeit bis dahin totschlagen sollt, dann könnt ihr ja noch ein bißchen feilen üben.«
»Bloß das nicht!« rief Karin entsetzt. Feilen war ihnen allen von Grund auf verhaßt.
Selim ergänzte sofort: »Sie sehen doch, Herr Töndel, daß wir noch voll mit dieser schönen Notstromanlage zugange sind.«
»Na gut, dann macht die mal erst fertig«, meinte der Ausbilder mit einem flüchtigen Blick über die Arbeitsplatte. Dabei spielte ein Lächeln um seine Augen.
Kaum hatte Herr Töndel wieder an seinem Schreibtisch Platz genommen, sagte Bernd leise: »Mensch, Selim. Bei mir ist das doch wohl was ganz anderes.«
»Gar nichts anderes«, gab Selim bestimmt zurück. »Paß auf: Ich bin genauso hier aufgewachsen wie ihr, okay?

Siehst du, und nur das zählt – nicht der Taufschein oder die Staatsangehörigkeit. Na, und wo wir jetzt auch noch in einer deutschen Siedlung wohnen, gibt's überhaupt keine Unterschiede mehr. Ich bin Deutscher, basta!«
Die anderen blickten ihn zweifelnd an. Gut, Selim beherrschte die deutsche Sprache mindestens so gut wie sie. Und die Tatsache, daß er in diesem Großbetrieb einen Ausbildungsplatz erhalten hatte, bewies, daß er auch in anderen Fächern besonders gute Leistungen aufzuweisen hatte. Und seine Kleidung – also, danach hätte niemand auf einen Türken tippen können. Selims Klamotten waren so modisch, daß sie schon manchen neidischen Blick darauf geworfen hatten. Bei seinem Aussehen konnte er jedoch nur schwer verheimlichen, daß seine Heimat die Türkei war – und zwar die asiatische Türkei. Dafür sprachen schon seine dichten, schwarzen Locken, die kohledunklen Augen im lehmbraunen Gesicht und die vorspringende, schmale Nase.
»He, Junge – reg dich wieder ab«, versuchte Karin den aufgebrachten Selim zu beruhigen. »Mal 'ne ganz andere Frage. Wird in der Türkei eigentlich auch Tennis gespielt? Ich meine, weil bei den großen Turnieren nie Türken dabei sind.«
»So ein Käse, Tennis!« lästerte Karl. »Das ist doch ein Sport für alte Herrschaften. Die Atas haben sich extra den Jupp Derwall geholt, damit der den Jungs wenigstens das Fußballspielen beibringt.«
Ein Blick in Selims Gesicht zeigte ihm, daß er wohl etwas Falsches gesagt hatte. »'tschuldigung«, murmelte er verlegen. »Ist mir nur so rausgerutscht, das mit dem Ata. Sagt man doch so, hm?«

»Schon gut, schon gut. Brich dir nur keinen ab«, gab Selim äußerlich ruhig zurück. »Nein«, wandte er sich dann an Karin, »ich glaub', daß Tennis in der Türkei nicht gerade Nationalsport ist. Aber so genau weiß ich das auch nicht. Wenn wir während der Sommerferien in die Türkei gefahren sind, dann immer zu unseren Verwandten nach Icadiye. Und in Icadiye, das kann ich euch sagen, ist echt der Hund verscharrt. Das ist finsterstes anatolisches Bergland.«

»Warum fahrt ihr dann überhaupt hin?« wollte Josef wissen.

»Wie soll ich das erklären? Wißt ihr, meine Eltern sind seit fast zwanzig Jahren hier, und wir leben auch in der Familie kaum anders als Deutsche. Aber irgendwie hat mein Vater immer noch Sehnsucht nach der Heimat, auch wenn er nicht mehr zurückwill. In vielen Dingen ist er sehr aufgeschlossen. Aber dann kommt manchmal irgend etwas, woran wir merken, daß er innerlich noch immer am Koran und den alten Traditionen seiner Heimat festhält. Ich glaube, für meinen Vater ist die ganze Situation hier ein einziges Tauziehen.«

»Und wie ist das mit deiner Mutter und deinen Geschwistern?« erkundigte sich Karin wißbegierig. »Ich meine, nach allem, was man so vom Leben in der Türkei hört, muß das hier für Frauen doch das reinste Paradies sein.«

»Teils, teils«, antwortete Selim und runzelte zweifelnd die Stirn. »Meine beiden Schwestern – Fatma ist fünfzehn und Emine dreizehn Jahre alt – denken genauso wie ich. Die sind nicht viel anders erzogen worden als deutsche Mädchen. Meine Mutter wollte zwar immer, daß sie nach althergebrachter türkischer Sitte aufwachsen, aber da hat mein Vater zum Glück nicht mitgespielt. Er sagt: ‚Die Kinder leben in diesem Land, also müssen sie sich auch an die herrschenden Sitten anpassen.' Hakma, mein kleiner Bruder, ist gerade erst zwei geworden. Und meine Mutter . . .«

»Na, die ist doch bestimmt froh, daß sie hier lebt«, fiel Karin ihm begeistert ins Wort.

»Ich weiß nicht«, erwiderte Selim. »Meine Mutter tut mir eigentlich leid. Seht mal, natürlich läßt mein Vater sie nicht drei Schritte hinter sich gehen – wie es die Türken tun, die noch nicht so lange hier sind. Aber irgendwie habe ich das Gefühl, daß Mutter hier unglücklich ist. Ich meine, sie hat ihre traditionelle Erziehung nie überwinden können, und die deutsche Sprache will sie nicht lernen. Für sie ist es noch immer selbstverständlich, daß sie sich in die Küche zurückzieht, wenn Männerbesuch zu uns kommt. In der Türkei könnte sie dabei wenigstens mit anderen Frauen zusammensein – das fällt hier auch flach.«

Die anderen schwiegen sekundenlang zu diesen Ausführungen. Irgendwie konnten sie, auch wenn sie sonst mit Gastarbeitern keinen direkten Kontakt hatten, die Konflikte in der Familie Nuray nachvollziehen.

Bernd meinte nachdenklich: »Aber wenn ihr jetzt in dieser Aso-Siedlung – Entschuldigung, ich meine natürlich in der Wohnglück-Siedlung wohnt, ändert sich dadurch nicht manches?«

»Für die Mädchen und mich bestimmt. Ich bin sicher, daß wir schnell in deutsche Cliquen kommen und endlich richtig dazugehören. Aber die Eltern? Für die ist das, was mir gefällt, eher ein Nachteil. In der Siedlung

leben nur neun türkische Familien, uns mitgerechnet – da hat die Treureal AG unheimlich gesiebt, müßt ihr wissen. Anfangs wollten sie gar keine Ausländer für ihre Wohnungen; erst als nicht alles standesgemäß vermietet werden konnte, mußten sie doch neun Gastarbeiterfamilien akzeptieren. Allerdings haben die untereinander noch weniger Kontakt als zu den deutschen Mietern.«
Josef schüttelte den Kopf. »Ich weiß nicht recht. Wie ich das sehe, seid ihr ja nun mal Türken, auch wenn ihr so 'n bißchen wie Deutsche lebt. Ich mein', dazwischen liegen doch Welten! Nee du«, fügte er hastig hinzu, als er sah, wie Selims Gesicht finster wurde, »gegen dich persönlich habe ich gar nichts – schließlich kenne ich dich ja gut genug. Aber wenn ich mir vorstelle, daß plötzlich bei uns im Haus Türken einziehen würden . . . Junge, Junge – da hätten wir sofort alle Nachbarn auf den Barrikaden.«
Die anderen nickten zu seinen Worten. Sicher, auch sie kannten und mochten Selim – aber mit Türken zusammenzuarbeiten war doch etwas anderes, als mit ihnen in einem Haus zu leben. So etwas mußte doch Probleme geben – schließlich hatten die eine völlig andere Lebensauffassung.
Schulterzuckend, denn ihre Sorgen waren das ja letztlich nicht, machten sie sich daran, ihren Arbeitsplatz zum Feierabend aufzuräumen. Pünktlich um zwei vor vier würde Herr Töndel einen letzten Kontrollgang machen. Da mußte alles erstklassig in Ordnung sein.
Selim hing, während er Zangen, Schraubendreher und sonstiges Werkzeug an seinen Platz legte, seinen Gedanken nach. Das Gespräch heute hatte ihn merkwürdig

berührt. Nicht daß er Probleme mit seinen Kollegen gehabt hätte – aber immer deutlicher spürte er, daß unter der Oberfläche auch hier Konfliktstoff lag. Vor allem schienen die anderen ein Zusammenleben von deutschen und türkischen Familien für ausgeschlossen zu halten. Aber das war Unsinn – bestimmt irrten sie!
Doch wenn sich nun seine Träume als ebenso unrealistisch erwiesen wie seinerzeit die des Vaters? Ismail Nu-ray, das wußte Selim aus immer wiederkehrenden Erzählungen, hatte vor zwanzig Jahren nichts weiter gewollt, als sehr schnell sehr viel Geld verdienen, um als vermögender und beneideter Mann in die Heimat zurückzukehren. Wenigstens Bürgermeister hatte er in Icadiye werden wollen, eine Respektsperson, die streng nach den Vorschriften des Koran leben und eine Zierde des kleinen Dorfes sein sollte. Für diesen Traum war ihm keine Arbeit zu schwer oder zu dreckig gewesen.
Wenig später hatte er dann die kleine Wohnung in der Osterfelder Bergarbeitersiedlung bekommen und, weil er die Einsamkeit bald nicht mehr ertragen konnte, seine junge Frau Yüksel aus der Türkei nachkommen lassen.
Dann aber war alles ganz anders gekommen, als Ismail es sich erträumt hatte. Selim wußte, wie sehr der Vater noch heute darunter litt, daß er sich unsicher und innerlich zweigeteilt fühlte.
Sie, die Kinder, wollten nicht zurück. Sie träumten davon, ganz hierzubleiben und eines Tages sogar die deutsche Staatsangehörigkeit anzunehmen. Aber wenn das nun auch unerfüllbare Träume waren?
Ach was, beruhigte sich Selim, du bist mal wieder überempfindlich. Schließlich hat kein Mensch etwas Konkre-

tes gesagt. Und in der Siedlung – na, das wird sich im Lauf der Zeit von allein regeln. Dabei erinnerte er sich an die Vorgänge im Zusammenhang mit der damaligen Asylantenschwemme, wo die Bürger anfangs erbittert protestiert und demonstriert hatten. Einige Tage danach aber waren dann dieselben Bürger mit Geschenken in die Auffanglager gekommen, und kurz darauf spielten auch die Kinder miteinander.
In diesem Augenblick atmeten die fünf angehenden Elektriker erleichtert auf. Der Ausbilder hatte ihre Arbeit gelobt, und die Sirene zeigte den Feierabend an. Bis zum Werkstor gingen sie noch gemeinsam, dann trennten sich für diesen Tag ihre Wege.

Zweites Kapitel

»Karl? Kaaarl!« Verzweifelt schüttelte Maria Stein ihren tief schlafenden Ehemann. Es dauerte lange, aber dann öffnete er seine Augen wenigstens einen Spalt weit.
»Du, Karl, ich halte das einfach nicht mehr aus – dagegen muß man doch irgend etwas unternehmen können! Bitte, Karl, geh einmal zu diesen Leuten hoch.«
Karl Stein richtete sich müde in seinem Bett auf. Schlaftrunken tastete er nach dem Lichtschalter. Endlich flammte das kleine Nachtlämpchen auf.
»Was ist denn jetzt schon wieder los?« brummte er seine Frau ärgerlich an.
»Was los ist, fragst du? Na, du bist gut. Aber so ist das ja immer bei dir: Du gehst ins Bett, drehst dich auf die Seite und fängst an zu schnarchen, daß die Wände wak-

keln. Und ich liege derweil stundenlang wach, weil ich durch das Spektakel da oben keinen Schlaf finden kann.«
»Also bitte – schnarchen . . .«
»Ja, schnarchen! Du selber hörst das ja nicht. Und wenn ich dich anstoße, hältst du nur kurz die Luft an, pfeifst wie ein Wiesel – und sofort geht die Sägerei weiter.«
Durch das Gezeter seiner Frau war Karl Stein endgültig wach geworden. Jetzt konnte auch er nicht länger überhören, was seine Frau derart in Rage gebracht hatte. Aus der Wohnung direkt über ihrem Schlafzimmer kam ein Mark und Bein durchdringendes Jaulen, Wimmern und Kreischen, das von rhythmischem Stampfen und eiligem Hinundherhuschen untermalt wurde.
Karl Stein seufzte tief. Offenbar hatte die türkische Familie Ayden wieder einmal späten Besuch, der mit heimatlicher Musik erfreut werden sollte. Verständnislos schüttelte er den Kopf und warf einen Blick auf seinen Wecker, der fünf Minuten nach Mitternacht zeigte.
Seine aufgebrachte Ehefrau ließ ihm nicht viel Zeit zum Nachdenken. »Seitdem diese Aydens hier eingezogen sind, geht das jede Nacht so«, schimpfte sie. »Seit vier Wochen – Nacht für Nacht! Du, Karl, das lasse ich mir nicht länger bieten! Die sollen ihre Musik gefälligst tagsüber hören.«
Maria Stein war bei diesem Ausbruch puterrot angelaufen. Als ihr Ehemann das bemerkte, versuchte er sofort, die Erregte zu beruhigen.
»Nun laß mal, Maria. Reg dich bitte nicht so auf – du weißt doch, was der Arzt gesagt hat.«
Maria Stein wollte sich nicht besänftigen lassen. »Ich soll mich nicht aufregen? Na, du bist gut. Du kümmerst

dich ja um nichts. Ich brauche meinen geregelten Schlaf – das hat der Arzt gesagt! Wo ich den allerdings bei diesem ewigen Theater hernehmen soll, das kann mir keiner erzählen. Ja, tagsüber, da hörst du nichts von diesen Türken; bestimmt halten sie dann ihre Siesta. Aber am späten Abend, wenn normale Menschen schlafen wollen, da geht es bei denen rund – und das bis in den frühen Morgen hinein. Und die Kinder, so klein sie noch sind, machen natürlich mit. Da muß man doch das Jugendamt verständigen!«
Wieder bemühte sich Karl Stein einzulenken. »Schon gut, Maria, du hast ja recht. Aber jetzt beruhig dich doch bitte wieder – du weißt selber, dein Herz . . .«
»Mein Herz, mein Herz! Sag das mal diesen Türken, dann muß ich mich nämlich nicht mehr aufregen!«
»Sicher, das stimmt. Aber sieh mal«, versuchte Karl Stein zu vermitteln, »diese Leute muß man auch verstehen. Die haben eben eine andere Lebensweise als wir. Irgendwo habe ich mal gelesen, daß die in einer bestimmten Jahreszeit nur nachts essen dürfen. Das muß wohl in der Religion der Moslems festgelegt sein – Ramadan oder so ähnlich nennen sie das.«
»Mir ist völlig egal, wie sie das nennen. Und mir ist auch egal, was ihre Religion festschreibt. Ich nenne dieses Theater nächtliche Ruhestörung und damit basta! Wenn die hierher zu uns kommen – und dagegen habe ich im Prinzip ja gar nichts –, dann sollen sie sich gefälligst an unsere Lebensweise anpassen! Religion hin, Religion her – entweder bleiben diese Leute in türkischen Wohnvierteln, oder sie verhalten sich so, daß andere durch sie nicht gestört werden.«

»Schon gut, schon gut. Ich werde mal mit den Leuten reden.« Langsam hob Karl Stein die Beine aus dem hohen Bett, blieb dann aber auf der Bettkante sitzen. Na, dachte er, lieber gehe ich wirklich nach oben, als daß ich einen neuen Herzanfall riskiere.
Seine Bedenken waren gerechtfertigt, denn während er mit seinen siebenundsechzig Jahren gesundheitlich in bester Form war, litt seine nur zwei Jahre jüngere Frau bereits seit mehreren Jahren an einer gefährlichen Herzerkrankung. Angina pectoris, hatte der Arzt damals diagnostiziert.
Vor zwei Jahren hatte Maria Stein einen lebensbedrohenden Anfall erlitten, der ihren Mann regelrecht in Panik versetzt hatte. Noch mehr als zuvor hatte er sich von diesem Moment an um seine Frau bemüht und stets versucht, jede Aufregung von ihr fernzuhalten. Sogar die Wohnung hatte er aus diesem Grund gewechselt – und das war ihnen beiden nicht leichtgefallen. Schließlich hatten sie seit ihrer Heirat vor zweiundvierzig Jahren in der gemütlichen kleinen Altbauwohnung in Schwerstadt-Dümpeln gelebt. Doch die Sorge um seine Frau und die Tatsache, daß ihre alte Wohnung unmittelbar an einer Hauptverkehrsstraße und nur zwei Häuser neben einer gutgehenden Gaststätte lag, hatte den Wohnungswechsel unvermeidbar erscheinen lassen.
Als ihm dann, durch Vermittlung des städtischen Wohnungsamtes, vor etwa einem Jahr die Treureal AG die ruhiggelegene Dreizimmerwohnung im dritten Stock von Block 32 angeboten hatte, war ihm dies wie die Lösung aller Probleme vorgekommen. Vor drei Monaten war ihre Wohnung endlich bezugsfertig geworden.

Anfangs schien die Siedlung auch zu halten, was die Wohnungsgesellschaft in lockenden Tönen versprochen hatte, und so fühlte sich das Ehepaar Stein hier trotz der wehmütigen Erinnerungen sehr wohl. Zwar gab es in der ersten Zeit tagsüber noch unvermeidbare Lärmbelästigungen, weil einzelne Bauarbeiten an dem Objekt nicht abgeschlossen waren, aber das sollte ja nur vorübergehend sein.
Hatten die Steins geglaubt! Denn dann war vor sechs Wochen Mustafa Ayden mit seiner Frau und drei kleinen Kindern in die über ihnen gelegene Wohnung eingezogen, und von diesem Augenblick an gab es sogar nachts keine Ruhe mehr.
»Ist ja auch kein Wunder«, murmelte Karl Stein im Selbstgespräch vor sich hin. »Fünf Personen in einer Sechzig-Quadratmeter-Wohnung! Wie konnten die von der Treureal so etwas bloß zulassen?«
»Ach die . . .« Seine Frau fühlte sich gleich angesprochen und machte eine verächtliche Handbewegung. »Denen geht es doch nur ums Geld! Weißt du noch, wie sie gesagt haben, in diese Siedlung kämen nur Deutsche? Pah! Als sie dann die letzten Wohnungen nicht mehr vermieten konnten, war plötzlich jeder recht.«
Ruhiger fuhr sie fort: »Natürlich müssen auch die Türken irgendwo leben – und daß sie fast überall in Gettos gepfercht werden, finde ich ja gar nicht richtig. Stell dir doch bloß vor, wir wären als Gastarbeiter in ein fremdes Land gegangen . . . Nein, die sollen schon unter uns leben, aber dann müssen sie auch mit uns leben!«
Während Karl Stein zögernd – denn ganz wohl fühlte er sich bei dem Gedanken an den scheinbar unvermeid-

lichen Gang doch nicht – seine Schlafanzugjacke gegen ein buntes Baumwollhemd vertauschte, brummte er leise: »Man kann ja auch nicht verlangen, daß diese Leute ihren Nationalcharakter ablegen – ich meine, das, was sie aus ihrem Lebenskreis an Kultur, Tradition und Religion mitgebracht haben. Weißt du, wenn wir früher wirklich in einem anderen Land gelebt hätten, wäre es uns ja nicht anders ergangen, oder?«

»Das verlange ich ja auch nicht. Die Türken sollen Türken bleiben und auch wie Türken leben – das ist schon in Ordnung. Aber ein bißchen anpassen kann man sich. Man darf eben nicht mit Gewalt gegen den Strom schwimmen. Andere Türken schaffen das doch auch. Von der Frau Hasselbrink zum Beispiel hörte ich – weißt du, das ist die aus Block 24 mit der fürchterlichen Kunsthaarperücke . . . du, die Frau schielt ja wirklich zum Gotterbarmen! –, also, die Hasselbrinksche sagt, die Nurays in ihrem Block seien sehr angenehme Nachbarn. Dagegen die Aydens . . .«

Sie verstummte, weil gerade in diesem Augenblick der Lärm wieder einmal in besonders hohen Wellen in ihr Schlafzimmer schwappte. Mit anklagend ausgestrecktem Arm deutete sie gegen die Decke. »Nun hör dir das bloß an! Wer soll denn mit solchen Zuständen leben können?«

Ein letztes Mal versuchte Karl Stein, der sich mittlerweile fertig angezogen hatte, sie zu beschwichtigen, denn nichts war ihm mehr verhaßt als Zank und Streit. »Du hast ja in allem völlig recht, Maria. Andererseits sollen die Aydens noch nicht sehr lange in unserem Land sein. Vielleicht . . .«

Als er in den Augen seiner Frau sah, daß sich ein neuer Zornausbruch ankündigte, murmelte er brummig: »Ja, ja – ist schon gut. Dann gehe ich also.«
Entschlossen zog er die Hausschuhe an und schlurfte bedächtig aus dem Schlafzimmer.
»Ja, geh!« rief ihm seine Frau nach, als er schon fast die Wohnungstür erreicht hatte. »Und laß dich bloß nicht einwickeln, hörst du?«
Karl Stein gab keine Antwort, doch als er die Tür hinter sich zugezogen hatte und die Treppe hinaufstapfte, dachte er: Du hast leicht reden – ich muß mich ja mit den Leuten herumstreiten! Und dabei ist mir das so unangenehm, mitten in der Nacht. Andererseits – und dabei straffte sich seine kleine, fast schmächtige Gestalt sichtlich –, so kann es nicht weitergehen. Das hält auf die Dauer wirklich niemand aus.
Als er gleich darauf vor der Wohnungstür der Familie Ayden stand, empfand er den Lärm noch viel schmerzhafter als in seiner eigenen Wohnung. Verwundert dachte er: Merkwürdig, daß den anderen vier Familien auf dieser Etage der Lärm nichts ausmacht. Bei den hallenden Betonfluren müßten die davon doch erst recht aus ihren Betten geworfen werden!
Resignierend zuckte er mit den Schultern. Es brachte ja wohl nichts, wenn er die Angelegenheit noch weiter hinauszögerte. Und gegen ein freundliches Wort konnte Mustafa Ayden wohl nichts einzuwenden haben.
Also drückte er entschlossen auf den Klingelknopf. Als keine Reaktion erfolgte, ließ er noch einige Sekunden verstreichen und schellte dann erneut. Diesmal war es schon fast ein Sturmläuten, denn inzwischen war auch

Karl Stein, der ansonsten friedliebende Mann, den so leicht nichts aus der Ruhe bringen konnte, ernsthaft wütend auf die Aydens.
Wieder verging einige Zeit, ohne daß sich etwas ereignete. Nur das mörderische Jaulen und Wimmern drang unverändert laut aus der Wohnung ins Treppenhaus, wo der Halleffekt eine zusätzliche Verzerrung bewirkte. Als Karl Stein gerade zornentbrannt mit der Faust gegen die Wohnungstür hämmern wollte, wurde sie doch noch geöffnet. Durch einen schmalen Spalt lugte ein dunkelbraunes Gesicht mit einem schwarzen Schnurrbart und pechschwarzen Augen: Mustafa Ayden.
»Ja?« knurrte er einsilbig.
»Entschuldigen Sie bitte, Herr Ayden«, begann Karl Stein freundlich, »aber bei Ihnen ist es heute wieder so laut, daß wir nicht schlafen können. Wissen Sie«, und dabei lächelte er Ayden um Verständnis bittend an, »wir wohnen nämlich gleich unter Ihnen, und da . . .«
Mustafa Ayden hatte ihn die ganze Zeit über verständnislos angestarrt, dabei aber die Tür ganz aufgezogen, so daß der Lärm noch ungehinderter aus der Wohnung dringen konnte.
»Ich Türke – nix versteh'n«, unterbrach er Karl Stein. »Nix gut deutsch«, fügte er noch hinzu. Dabei schüttelte er zur Verdeutlichung nachdrücklich den Kopf und hob bedauernd die Schultern. Tatsächlich war Mustafa Ayden noch nicht lange in der Bundesrepublik und hatte in der kurzen Zeit – sei es mangels Interesse oder Begabung – von der Landessprache kaum etwas gelernt. Wozu auch? Schließlich gab es bei den wichtigsten Behörden, ebenso wie in der Personalverwaltung der

Schwerstadter Kokerei, wo er als Hilfsarbeiter tätig war, Dolmetscher, deren Hilfe er jederzeit in Anspruch nehmen konnte. So war er über den begrenzten Wortschatz, den ihm seine Arbeitskollegen eingetrichtert hatten, bisher nicht hinausgekommen. Und der bestand nun einmal überwiegend aus Beleidigungen und Schimpfwörtern, über deren volle Bedeutung sich Mustafa Ayden meist gar nicht im klaren war.
Karl Stein wußte das alles nicht, und über Aydens Situation machte er sich nur recht vage Gedanken. Deshalb steigerte dieses »Nix versteh'n« seine mühsam unterdrückte Wut.
Aha, dachte er, so läuft der Hase. Wenn ihr irgend etwas erreichen wollt, könnt ihr euch fließend verständlich machen – aber wehe, man will etwas von euch! Dann heißt es gleich: »Nix versteh'n.« Aber warte nur, Bürschchen, ich kann auch anders!
Und dann spielte Karl Stein Pantomime. Mit dem ausgestreckten linken Arm deutete er in Aydens Wohnung, mit der rechten Hand hielt er sich ein Ohr zu. Dabei verzog er weinerlich sein Gesicht, als litte er ungeheure Schmerzen, und schrie gegen den Lärm an: »Nix gutt – viel Aua!«
Der Türke blickte ihn fragend an, dann aber verzog sich sein Gesicht zu einem mitleidigen Lächeln. »Ah, du Zahn kaputt, versteh'.«
Nahe daran, die Beherrschung zu verlieren, schrie Karl Stein: »Ich nix Zahn kaputt! Du machen viel laute Musik – außerdem stinkt es hier bestialisch!«
Tatsächlich drangen aus der Wohnung dichte Geruchswolken von Knoblauch, Hammelfleisch, Fisch und Inne-

reien, die Karl Steins Nase als unzumutbare Belästigung empfand. Im Moment war er so sehr auf seine Auseinandersetzung mit dem türkischen Nachbarn konzentriert, daß er nicht bemerkte, wie sich in seinem Rücken Wohnungstüren öffneten, aus denen Männer, Frauen und Kinder – teils nur leicht bekleidet – in verbittertem Schweigen auf die beiden Kontrahenten blickten.

Der Türke mit seinen mangelhaften Sprachkenntnissen hatte von Steins letzten Worten nur »stinken« verstanden. Von seiner Arbeitsstelle her kannte er dieses Wort hauptsächlich in der Verbindung »stinkender Türke«. Wie er es von der Kokerei gewöhnt war – wo er dafür jedesmal mit dem dröhnenden Gelächter seiner deutschen Kollegen belohnt wurde –, schrie er auch jetzt zurück: »Ich nix stinken – du dreckiges deutsches Schwein!«

Karl Stein schnappte nach Luft. Das durfte nicht wahr sein! Er kam friedlich hoch, um in aller Ruhe auf den Lärm hinzuweisen, und dieser Türke . . .

In seinem Rücken murmelten erregte Stimmen durcheinander: »Kaum zu glauben – so eine Frechheit – seit Wochen keine Ruhe mehr – dieser ewige Gestank – wegjagen sollte man das Pack – Kanaken – Kakerlaken!« So ging es aufgeregt durch das Treppenhaus.

Von all dem verstand Mustafa Ayden nur »Kanaken« und »Kakerlaken«. Auch diese Begriffe gehörten auf seiner Arbeitsstelle zur Alltagssprache. Daher glaubte er, genau zu wissen, welche Antwort die Deutschen erwarteten. Also ballte er seine imposante Arbeiterfaust, rieb sie Karl Stein drohend unter die Nase und fragte lauernd: »Du wollen Fresse dick, deutsches Schwein?«

Entsetzt wich Karl Stein einige Schritte zurück. Seine Augen waren schreckgeweitet, sein Herz hämmerte in rasendem Stakkato.
Noch einmal grinste Mustafa Ayden seinen vermeintlichen Gegner drohend an, dann trat er in die Wohnung zurück und schloß mit lautem Knall die Tür hinter sich.
Erst jetzt, als Karl Stein sich langsam aus seiner Erstarrung zu lösen vermochte, bemerkte er die Nachbarn in ihren halb geöffneten Türen. »Haben Sie das gesehen?« stammelte er entgeistert. »Haben Sie das wirklich gesehen? Dabei wollte ich doch nichts weiter als . . .«
Ein Mann knurrte erbittert: »Tja, so sind diese Kanaken eben. Gegen die kommt unsereiner nicht an. Seien Sie froh, daß er nicht noch sein Messer gezückt hat – damit ist das Volk ja schnell bei der Hand!«
Während Karl Stein noch immer ungläubig vor sich hinstarrte, empörte sich eine junge Frau: »Ich mach' das nicht mehr mit, wir gehen ja hier alle vor die Hunde! Ich rufe jetzt die Polizei. Soll die sich doch mit dem Pack herumschlagen!«
Dieser Vorschlag erschien allen wie eine Erlösung. Etwas mußte geschehen, und die Polizei . . . Warum war man darauf bloß nicht eher gekommen?
Während die Mieter unter erregtem Gemurmel in ihren Wohnungen verschwanden und die Türen hinter sich fest verriegelten, kehrte Karl Stein, müde und mit schweren Schritten, in seine Wohnung zurück.
Seine Frau blickte ihm bereits ungeduldig entgegen. »Na endlich, Karl, das hat ja eine Ewigkeit gedauert! Was hast du denn bloß so lange da oben gemacht? Wirst wohl einen Schnaps mit dem Ayden getrunken haben, was?«

Karl Stein war noch immer so verwirrt, daß er die Frage seiner Frau gar nicht beachtete. Sie wartete einige Sekunden, dann wurde es ihr zu bunt. »Nun mach doch endlich den Mund auf! Wie war es denn? Der Lärm hat ja noch immer nicht aufgehört!«
Da brach die aufgestaute Enttäuschung aus Karl Stein heraus. »Ach, laß mich doch in Frieden! Mit diesen Leuten kann man nicht reden – da wird man gleich beschimpft und bedroht!«
Maria Steins Anspannung löste sich in einem hysterischen Anfall. Verzweifelt schluchzte sie: »Dann kann man also nichts dagegen machen? Geht das jetzt immer so weiter, Nacht für Nacht?«
Fast eine Viertelstunde lang bemühte sich Karl Stein, seine Frau zu beruhigen. Immer wieder streichelte er unbeholfen-zärtlich ihre Hände. In diesen Minuten schlug seine verzweifelte, hilflose Wut auf Mustafa Ayden in Haß auf alle Türken um. Die müssen hier raus, dachte er, oder wir gehen alle vor die Hunde! Wir Deutschen haben ja wohl ein Recht darauf, in unserem eigenen Land in Ruhe und Frieden zu leben.
Mit einem Mal wurde es wieder unruhig im Treppenhaus. Türen wurden geöffnet und wieder zugeschlagen, Schritte klapperten treppauf und treppab. Dann herrschte geisterhafte Stille.
Erst einige Minuten später wurde Karl Stein bewußt, daß auch bei den Aydens der Lärm verstummt war. Ein Blick auf den Radiowecker zeigte ihm, daß es bereits ein Uhr war.
»Siehst du«, sagte er besänftigend zu seiner Frau, »jetzt war die Polizei da. Nun wird ja wohl endlich Ruhe ein-

kehren – auch für die Zukunft.« In seinem Innersten glaubte er allerdings selbst nicht so recht daran, wußte er doch nur zu gut, daß die Mittel der Polizei in solchen Fällen reichlich begrenzt sind. Und Schiedsmann oder gar Amtsgericht? Nein danke – damit sollten sich andere herumschlagen, für ihn war das nicht das Richtige.
Noch lange lag er wach in seinem Bett, während seine Frau schon den verzweifelt ersehnten Schlaf gefunden hatte. Als dann auch ihn endlich die Müdigkeit übermannte, war sein letzter, zornerfüllter Gedanke: Der Teufel soll sie holen, diese Türkenbrut!

Drittes Kapitel

Wie gewohnt verließ Selim auch an diesem Morgen bereits kurz nach sechs Uhr die Wohnung, um mit dem Bus in die Lehrwerkstatt zu fahren. Zwar war erst um sieben Uhr Arbeitsbeginn, und die Fahrt dauerte kaum länger als zwanzig Minuten, aber Selim mochte die Atmosphäre am frühen Morgen, und Frühaufsteher war er ohnedies.
Als er langsam durch die Siedlung ging, deren Häuser um eine große Grünanlage herum hufeisenförmig aneinandergereiht waren, überkam ihn ein warmes Glücksgefühl. Sollten die anderen ruhig von »Aso-Siedlung« und »Betonkaserne« reden. Was wußten die denn schon, was es für ihn bedeutete, hier zu wohnen?
Natürlich war nicht alles Gold, was glänzte, und die zahlreichen Baumängel und zunehmenden Sachbeschädigungen in den Häusern ließen sich nicht wegleug-

nen. Aufgebrochene Briefkästen, abgeklemmte Klingelanlagen und beschmierte Aufzugs- oder Hauswände da und dort erweckten bei näherem Hinsehen den Eindruck, die Häuser wären bereits vor zehn Jahren bezogen worden. In der Anonymität der Siedlung fühlte sich für die Einrichtungen eben keiner so recht verantwortlich. Aber Selim war nur zu gern bereit, über solche Dinge hinwegzusehen. Zu ändern waren sie ja doch nicht.

Ganz weit entfernt, hinter der rauchverhangenen Silhouette von Schwerstadt, ging in diesem Moment die Sonne als rotglühender Ball auf. O Mann, dachte Selim, wieder so ein herrlicher Tag, und wir müssen in der Werkstatt hocken!

Vor Block 32 standen mehrere Frauen zusammen. Wild gestikulierend redeten sie aufeinander ein. Offensichtlich waren sie zuvor in der Trinkhalle gewesen und hatten Brötchen und Zeitungen geholt.

Als Selim an der Gruppe vorbeiging und dabei freundlich grüßte, verstummten die Frauen schlagartig. Keine von ihnen erwiderte seinen Gruß. Statt dessen verfolgten sie ihn mit bösen, ja feindlichen Blicken.

Selim war verblüfft. Daß seine Familie bisher noch keinen richtigen Kontakt in der Siedlung gefunden hatte, war eine Sache; und daß er persönlich manchmal den Eindruck hatte, die Deutschen begegneten ihm mit Mißtrauen, eine andere. Allerdings hatten sie ihn bisher immer noch gegrüßt!

Na ja, dachte Selim, wer weiß, welche Laus ihnen über die Leber gelaufen ist. Mit mir kann das nichts zu tun haben – schließlich habe ich niemandem etwas getan.

Am Ende der Siedlung fiel sein Blick auf den Zigarettenautomaten, der dort an der Außenfront eines Wohnblocks angebracht war. Dabei fiel ihm ein, daß er sich noch mit einer Packung Zigaretten versorgen mußte. Also warf er die Münzen in den Geldschlitz und betätigte den Wahlknopf. Es geschah gar nichts.
Vielleicht leer, dachte Selim und probierte es der Reihe nach mit den anderen Wahltasten und dem Geldrückgabeknopf.
Keine Reaktion. Der Automat hielt krampfhaft fest, was er einmal geschluckt hatte.
»Mist!« schimpfte Selim halblaut vor sich hin und schlug einmal mit dem Handballen vor den Geldschacht. Als auch das nichts bewirkte, wurde er ärgerlich.
Während er etwas kräftiger gegen den Automaten hämmerte, um ihn doch noch zum Einlenken zu bewegen, hörte er über sich plötzlich eine keifende Stimme: »He, du Türkenbengel – laß sofort den Apparat in Ruhe, oder ich rufe die Polizei!«
Selim blickte verwundert nach oben, wo sich ein älterer, kahlköpfiger Mann fast bis zum Bauchnabel über die Fensterbrüstung seiner Wohnung im zweiten Stock hinauslehnte, um den vermeintlichen Automatenknacker genau beobachten zu können. Sein Gesicht war puterrot angelaufen.
Einen Augenblick lang starrte Selim den Mann an, dann zuckte er gelangweilt mit den Schultern und wandte sich wieder dem Automaten zu. Aus seiner Zeit in Osterfeld war er es gewohnt, so oder ähnlich angepöbelt zu werden. Dort gehörte das zum Alltag. Allerdings war er ein wenig enttäuscht darüber, daß er an diesem Tag zum er-

stenmal in der Siedlung angegriffen wurde. Aber, dachte er, solche Spinner gibt es eben überall.
Über ihm zeterte der Alte weiter: »Schlimm genug, daß ihr Kakerlaken euch hier überall breitmachen dürft! Den Jungen nehmt ihr die Arbeitsplätze weg, und uns Alten gönnt ihr keine Ruhe. Aber daß ihr jetzt auch noch an unsere Automaten geht . . .«
Selim war wie vor den Kopf gestoßen. »Sagen Sie, Meister – wovon reden Sie eigentlich? Sind Sie sicher, daß ich das verstehen müßte?«
»Nun tu bloß nicht so unschuldig. Du weißt ganz genau, wovon ich rede!« ereiferte sich der Alte. Dabei fuchtelte er derart wild in der Luft herum, daß Selim befürchtete, der alte Mann würde im nächsten Augenblick vor seinen Füßen auf den Asphalt knallen.
Empört fügte der Alte hinzu: »Ich weiß, was ihr nachts für Orgien feiert. Mein Freund aus Nummer zweiunddreißig hat mir in der Trinkhalle alles erzählt.«
»Tut mir leid für Sie«, gab Selim ruhig zurück, »aber da wohne ich gar nicht. Ich wohne im Block vierundzwanzig – bestimmt verwechseln Sie irgend etwas.«
»Vierundzwanzig oder zweiunddreißig – das ist ja wohl egal. Ihr Türken seid doch alle gleich! Erst die Arbeit, dann die Wohnungen – als nächstes nehmt ihr uns noch die Frauen!«
Jetzt reicht's aber, dachte Selim. Alles muß ich mir auch nicht gefallen lassen! Wütend erwiderte er: »Eure Frauen? Pah, die könnt ihr euch sonst wohin . . . Und Arbeit, also, Meister, für die Arbeit, die die meisten Türken in diesem Land machen müssen, seid ihr euch doch viel zu schade!«

Dem Alten fielen vor Überraschung fast die Augen aus dem Kopf. Mit schriller Stimme schrie er zurück: »Was bildest du Rotzbengel dir eigentlich ein? Euch Kanaken brauchen wir hier bestimmt nicht. Im Gegenteil, wenn ihr nicht wärt, ginge es in unserem Staat schnell wieder aufwärts. Eines sage ich dir: Früher, da hätte es so etwas wie euch hier nicht lange gegeben! Aber leider ist unsere Regierung ja viel zu weich. Zucht und Ordnung – das fehlt diesem Land!«

Bei den letzten Worten des Alten hatte Selim seine Wut bereits überwunden. Jetzt begann ihm die Auseinandersetzung mit dem Ewiggestrigen beinahe Spaß zu machen. »Passen Sie lieber auf«, rief er belustigt hoch, »daß Sie nicht das Gleichgewicht verlieren! Sonst werden wieder ein paar Türken gebraucht, die den Dreck aufheben.«

Während sein Widersacher verzweifelt nach Luft schnappte, drehte Selim sich einfach um und beachtete den alten Mann nicht mehr. Allerdings war er jetzt doch aufgewühlter, als er sich nach außen hin anmerken ließ. Erst die Frauen, dann der Alte . . . Hatte sich denn heute alles gegen ihn verschworen? So etwas hatte es noch nie gegeben – zumindest hier in der Siedlung nicht!

Dann aber überlegte Selim: Vielleicht war es ja doch schon immer so, und ich habe nur nicht darauf geachtet, weil ich nicht selbst davon betroffen war. Ach, Quatsch, beruhigte er sich. Du machst mal wieder aus 'ner Mücke einen Elefanten. Komische Typen gibt es überall.

Trotzdem ärgerte er sich. Klar, wenn er ein deutscher Junge wäre, hätte der Alte höchstens freundlich gefragt, ob er nach dem Automatenaufsteller telefonieren solle.

Aber so? Leider konnte er die beiden einzigen Dinge, die überhaupt noch türkisch an ihm waren, nicht ohne weiteres ändern: sein Aussehen und seinen Namen.
Vergiß es, forderte er sich in Gedanken auf. Sieh lieber zu, wo du jetzt noch Zigaretten herbekommst.
Resignierend zuckte er mit den Schultern. Aus schlechter Erfahrung in Osterfeld wußte er, daß sich der Automatenaufsteller mit Händen und Füßen gegen eine Erstattung des Geldes wehren würde, wenn Selim Nuray, türkischer Staatsbürger und ungern gesehener Gast in diesem Land, bei ihm anriefe. Also entschloß er sich, die Zigaretten in der Trinkhalle zu holen. Die lag zwar am anderen Ende der Siedlung, aber er hatte ja noch Zeit, und außerdem konnte er auch dort in den Bus steigen.
Einige Minuten später hatte er die Siedlung durchquert. Im Erdgeschoß eines der Wohnblocks war ein großer Raum zum Kiosk umfunktioniert worden. Schon am frühen Morgen konnten die Mieter hier Brötchen, Zeitungen oder Zigaretten kaufen; aber auch eine Vielzahl sonstiger Artikel des täglichen Bedarfs wurden bis in den späten Abend hinein angeboten.
Ursprünglich hatte in diesem Raum ein kleines Lebensmittelgeschäft untergebracht werden sollen; einen Pachtinteressenten hatte es schon gegeben. Nachdem der Einzelhändler aber erfahren hatte, daß unmittelbar neben der Siedlung ein großer, moderner Supermarkt eröffnet werden sollte, war er ganz schnell abgesprungen. In dieser Situation war die Treureal AG dann sehr gern bereit gewesen, den Raum an Bruno Kowalczik zu verpachten, auch wenn der nur eine kleine Trinkhalle betreiben wollte.

Bruno hatte sich von der bedrohlichen Nähe des Supermarktes nicht abschrecken lassen, sondern auf die Bequemlichkeit und Vergeßlichkeit der Mieter gesetzt. Und er hatte damit recht behalten.
Böse Zungen behaupteten, auf Brunos ungeheuren Leibesumfang anspielend, er sei, was Süßigkeiten anbelange, selbst sein bester Kunde. Doch Bruno bezeichnete dieses Gerede hartnäckig als Gerücht oder gar böswillige Verleumdung und wies auf seine streng diätetische Ernährung hin. Ebenso wehrte er sich gegen die Behauptung, die Bauarbeiter hätten ihn während der Bauzeit mit einem Kran in die spätere Trinkhalle gehievt und erst danach die Betonwände um ihn herum aufgerichtet.
Na, dachte Selim grinsend, als er den dicken Bruno erblickte, durch normale Türen dürfte der wirklich nicht durchpassen.
Kaum hatte Selim die Trinkhalle betreten, erwachte Bruno zu regem Leben. »Ah, du Türke, ja?« Er strahlte. »Ich viel gutt Kollege von du«, fuhr er wild gestikulierend fort. »Alis viel gutt, viel Freund von ich.« Dabei stieß er sich bekräftigend den Zeigefinger in die Brust.
Selim erstarrte. Kein Wort brachte er über die Lippen. Erst die Frauen, dann der Alte und jetzt dieser Koloß. Das war zuviel! Vor seinen Augen drehten sich mit rasender Geschwindigkeit flirrende Feuerräder, durch die er den dicken Trinkhallenpächter nur undeutlich wie einen Flaschengeist hin und her zucken sah.
Der fuhr ungerührt mit einem schmutzigen Grinsen im Gesicht fort: »Drei Jahre vorher ich Urlaub Türkei – Istanbul, capito? Viel gutt da – prima Bauchtanz, aaah!« Genießerisch seufzend verdrehte er die Augen.

Dabei wackelte er mit seinen Fettmassen, um dem Türkenjungen die Freuden des Bauchtanzes zu verdeutlichen.
Selim stand kurz vor einer Explosion. Was dachte sich dieser Dickwanst eigentlich? Hielt der alle Türken für Höhlenbewohner? Mit äußerster Anstrengung gelang es ihm, sich zu beherrschen, obwohl es in seinen Fäusten zuckte. Dieses grinsende Gesicht war aber auch eine allzu verlockende Zielscheibe! Ein richtiger »Hau den Lukas« ist das, dachte er. Bei jedem Schlag ein Hauptgewinn! Treten Sie näher, schlagen Sie zu – garantiert nur Gummi!
Aber Selim wußte natürlich, daß sich sein Problem nicht mit Gewalt aus der Welt schaffen ließ. Also versuchte er es anders.
In übertriebenem Slang quetschte er wie der Star einer billigen Wildwestklamotte zwischen den Zähnen hervor: »Okay, Alter, okay – du hast deinen Spaß gehabt. Jetzt laß mal schnell 'ne Packung Glimmstengel über den Tresen rutschen, sonst müßte ich mit deinem Kopf Drehstuhl spielen!«
Dem dicken Bruno blieb vor Überraschung der Mund offenstehen. Während er mit ungläubigem Gesicht die gewünschten Zigaretten herausgab und Selims Geld einsteckte, fragte der mit ruhiger Stimme: »Sagen Sie, Herr Kowalczik, haben Sie eigentlich keine besseren Witze auf Lager?«
Damit nahm er die Zigaretten an sich, drehte sich um und ließ einen fassungslosen Bruno Kowalczik zurück.
Der Trinkhallenbesitzer brauchte noch einige Sekunden, ehe er sich aus seiner Erstarrung lösen konnte. Erst als

Selim mehrere Meter entfernt war, gelang ihm ein pfeifendes Luftholen. Dann räusperte er sich und knurrte: »Dreckige Kakerlaken – verrecken sollt ihr. Alle! Aber so seid ihr: frech wie Rotz. Und dabei will man nur nett und freundlich zu euch sein.«
Trotz der Entfernung hatte Selim seine Bemerkung noch verstanden. Wie ein Schlag unter die Gürtellinie traf sie ihn. Also doch! Nichts hatte sich seit Osterfeld für ihn geändert – höchstens das Viertel.
Aber warum nur? fragte er sich verzweifelt, während er schneller lief, um rechtzeitig zur Bushaltestelle zu kommen. Wir wollen doch nichts anderes als mit allen Leuten friedlich zusammenleben. Warum greift man uns überall an? Erst in Osterfeld, jetzt in der Siedlung. Gerade hier, wo nur neun ausländische Familien leben, müßte doch ein gegenseitiges Aufeinanderzugehen möglich sein!
Für den Augenblick mußte Selim seine Gedanken zur Seite schieben, denn er hatte die Haltestelle an der Karl-Marx-Straße erreicht, und der um diese Zeit stets überfüllte Bus würde wie üblich zum Schauplatz erbitterter Kämpfe aller gegen alle werden.

Viertes Kapitel

Am Freitag nachmittag lag Selim in seinem Zimmer auf dem Bett und hörte Musik. Auf dem Fußboden krabbelte der kleine Hakma herum, der mit ihm das Zimmer teilte, und spielte mit Bauklötzen. Laut aufkrähend schleuderte er sie durch den Raum.

Selim, der den kleinen Bruder sehr gern hatte, lächelte nur dazu – selbst wenn ihn gelegentlich einer der Steine am Kopf traf. Er lächelte auch – da allerdings etwas gequält –, als einmal ein Baustein vor seinen Stereoturm flog, der doch sein Heiligstes war. Immerhin hatte er für die Anlage lange gespart. Dem kleinen Hakma aber konnte er nicht einmal das übelnehmen.

An diesem Nachmittag befand sich Selim in einer merkwürdigen Stimmung. Einerseits war er froh, daß die Woche überstanden war und er ab Montag Urlaub hatte, andererseits fühlte er sich seit einigen Tagen so unsicher wie selten zuvor in seinem Leben. Alles, aber auch wirklich alles war hier in der Siedlung bisher schiefgelaufen. Keinen einzigen Schritt war er der Verwirklichung seiner Träume nähergekommen. Nicht einen deutschen Freund hatte er gefunden, und seinen beiden Schwestern war es auch nicht anders ergangen.

Was ihn am meisten verwunderte und wofür er beim besten Willen keine Erklärung fand, war die Tatsache, daß die neun ausländischen Familien in der Siedlung so etwas wie Aussätzige geworden waren. Von Osterfeld her kannte er das ja. Aber hier?

Von Tag zu Tag war eine ständig dichter werdende Atmosphäre aus Vorurteilen, Unwissenheit und Feindseligkeiten zu spüren. Sobald sich irgendwo einer der Türken sehen ließ, verstummten schlagartig alle Gespräche, und böse Blicke oder gar gehässige Bemerkungen folgten ihm.

Von Fatma und Emine hatte Selim gehört, daß in der Hauptschule schon länger eine unerträgliche Situation für die beiden entstanden war. Dort hagelte es beleidigende Bemerkungen, und nicht selten kam es sogar zu kleineren Handgreiflichkeiten. Völlig isoliert fühlten sich die beiden Mädchen an der Schule, die nur von wenigen Gastarbeiterkindern besucht wurde.

Immer wieder hatte sich Selim gefragt, was sie, die Nurays, ihren deutschen Nachbarn wohl getan haben könnten. Doch er fand keine Antwort darauf. Er wußte ja nicht, daß letzten Endes die Aydens mit ihrem Verhalten an der angespannten Stimmung schuld waren. Ebensowenig wußte er, daß die Mieter aus Block 32 – eben wegen der Aydens – in der ganzen Siedlung gegen die Türken hetzten und daß dadurch bei vielen Mitbewohnern Gefühle freigesetzt wurden, die wahrscheinlich immer schon vorhanden, aber stets unterdrückt worden waren. Jetzt brachen sie langsam, aber unaufhaltsam an die Oberfläche durch.

Ähnlich verlief die Entwicklung in anderen Gegenden Schwerstadts. Da war es dann eben nicht eine einzelne Familie, die durch ihr beharrliches Festhalten an heimatlichen Gebräuchen Feindseligkeiten auslöste, sondern die wirtschaftliche Situation im allgemeinen und die übergroße Anzahl der Gastarbeiter im besonderen.

Weil aber Selim um diese Hintergründe nicht wußte, hoffte er trotz aller Zwischenfälle noch immer auf eine Verwirklichung seiner Träume. Er selbst, glaubte er erkannt zu haben, hatte auf die anderen zuzugehen. Mit Gleichaltrigen mußte er zusammenkommen, und deswegen hatte er sich entschlossen, an diesem Abend zum erstenmal die Disko zu besuchen, die einmal im Monat von den beiden Kirchengemeinden im Jugendtreff der Siedlung veranstaltet wurde.

Für fast eine Stunde zog er sich am frühen Abend ins Badezimmer zurück, um sich für den Diskobesuch zurechtzumachen. Immerhin war es seit langem das erste Mal, daß er außerhalb der Lehrwerkstatt mit deutschen Jugendlichen zusammenkommen würde. Da wollte er von vorneherein einen guten Eindruck machen.

Wiederholt gab eines der Familienmitglieder zu erkennen, daß der von Selim beschlagnahmte Raum nicht in erster Linie als Ankleidezimmer gedacht war. Doch Selim träumte, ohne auf die immer eindringlicher werdenden Klopfsignale zu achten, seelenruhig vor sich hin. Ein Diskoabend! Welche Möglichkeiten zu neuen Kontakten sich ihm da wohl eröffnen würden?

Irgendwann hatte er seine Verschönerungskur dann doch beendet. Unmengen von Gel, Pomade und Deodorant waren verarbeitet, mühselig hatte er sich in seine engen Jeans gezwängt, und die schwarze Jacke mit dem aufgenähten Adleremblem paßte wie eine zweite Haut. Selim war ausgehfertig. Jetzt endlich stand der Raum auch den anderen Familienmitgliedern zur Verfügung.

Als er das Badezimmer verließ, wunderte er sich ein wenig über die unruhige Warteschlange und den sofort einsetzenden Kampf um die Türklinke. Verständnislos den Kopf schüttelnd und ohne die ihn beinahe durchbohrenden Blicke zu beachten, schritt er hoheitsvoll die scheinbar eigens für ihn angetretene Ehrenformation im Flur ab. Gemessenen Schrittes begab er sich in die Küche, wo er hastig das für ihn bereitgestellte Abendbrot verzehrte. Dann konnte es losgehen.

Als er erwartungsvoll mit dem Aufzug, der ausnahmsweise sogar funktionierte, nach unten fuhr, pfiff er fröhlich einen aktuellen Schlager vor sich hin. Kaum aber hatte er im Erdgeschoß die Fahrstuhltür geöffnet, da erstarb das Pfeifen auf seinen Lippen. Wie gebannt stand er in der halbgeöffneten Tür und starrte auf die Wand über den Hausbriefkästen.

Heiße und kalte Wellen liefen ihm in rasendem Wechsel über die Haut, das Blut strömte in pulsierenden Wellen zum Kopf. O nein, schrie er innerlich auf, nicht hier – bloß nicht hier in der Siedlung!

ATA VERRECKE! hatte jemand mit großen Buchstaben an die Wand gesprüht. Blutrot leuchteten ihm die Worte entgegen, schienen ihn höhnisch anzugrinsen. Nur mühsam konnte er seinen aufkommenden Zorn, seine Enttäuschung über die haßblinden Deutschen unterdrücken.

Als Selim seinen ersten Schreck überwunden hatte, fragte er sich, ob es wirklich nur die haßblinden Deutschen waren, die so etwas taten. Gab es nicht auch in anderen Ländern ähnliche Vorfälle? Und vor allem: Waren es nicht letztlich einige wenige Unbelehrbare, die dafür verantwortlich waren?

Trotz dieser Gedanken erwachte in ihm eine unbestimmte Angst vor der Zukunft. Wie eiskalte, knöcherne Finger schien es an ihm hochzukriechen. Selbst wenn es jetzt nur einige wenige sein sollten, überlegte er, besteht doch die Gefahr, daß die anderen eines Tages von ihnen mitgezogen werden, und dann . . .

Selim war durch den Vorfall so niedergeschlagen, daß er nahe daran war, auf den geplanten Diskobesuch zu verzichten. Dann aber zuckte er mit den Schultern und dachte: Blödsinn! Wenn ich jetzt aufgebe, kann ich auch

gleich in die Türkei auswandern. Also los – auf zur Disko! Den Kopf wird's nicht gleich kosten.
Wenig später hatte er den Spielplatz erreicht, an dessen Eckpunkt der Wohnblock mit Altenzentrum, Jugendtreff und Siedlungskneipe lag. Neben der Schaukel beschäftigten sich einige Kinder von vielleicht sechs Jahren mit einem kleinen Kätzchen. Als Selim näher kam, steckten sie die Köpfe zusammen und tuschelten aufgeregt miteinander. Einer, wohl der Besitzer des schwarzen Kätzchens, nahm das Tier schnell auf den Arm und drückte es fest an seine Brust. Dabei warf er einen furchtsamen Blick zu Selim hinüber.
Der war stehengeblieben, um das merkwürdige Verhalten der Kinder zu beobachten. Plötzlich trat einer der Jungen vor. Langsam und in ständigem Blickkontakt mit der Gruppe näherte er sich Selim.
Der Junge war fast einen Kopf größer als seine Gefährten und offensichtlich deren Anführer. Vermutlich mußte er jetzt seinen Mut unter Beweis stellen, aber ganz wohl schien er sich dabei nicht zu fühlen.
In einer Entfernung von drei Metern blieb er vor Selim stehen und sah ihn einen Augenblick lang unsicher von unten her an. Dann quetschte er zwischen den Zähnen hervor: »He, sag mal, Ata, stimmt das wirklich, daß ihr den Katzen die Köpfe abschneidet und das Blut sauft?«
Selim hatte das Gefühl, von einer eisernen Faust mitten ins Gesicht getroffen zu werden. Also auch die Kinder! War das denn wirklich schon immer so gewesen, und er hatte nur nichts davon gemerkt, weil die Angriffe sich nicht gegen ihn persönlich richteten? Von wem hörten die denn so etwas? Doch wohl nur von ihren Eltern!

Eine Welle des Zorns schlug über ihm zusammen. Mit wenigen Sprüngen fegte er wie ein Racheengel in die Gruppe der Kinder hinein, riß dem Jungen das Kätzchen aus dem Arm und schwenkte es mit ausgestrecktem Arm drohend durch die Luft.
»Da!« schrie er mit bebender Stimme. »Wir fressen die Viecher sogar roh!« Er sperrte den Mund weit auf und tat so, als wollte er seine blitzenden Zähne in das zitternde Kätzchen schlagen.
Die Kinder schrien entsetzt auf. Dann rannten sie, so schnell sie es mit ihren kleinen Beinen vermochten, schluchzend davon. Dabei rief ein Mädchen panikerfüllt: »Mama, Mama – der Türke frißt die Mieze!«
Zum Glück schien die Mama nicht in der Nähe zu sein, und von anderen Erwachsenen war in diesem Augenblick auch nichts zu sehen. Wer wußte schon, zu welchen Ausbrüchen die Volksseele in so einer Situation fähig gewesen wäre?
Selim beruhigte sich verhältnismäßig schnell wieder. Das waren doch nur Kinder, und die plapperten nach, was sie irgendwo, oft auch noch im falschen Zusammenhang, aufgeschnappt hatten.
Beruhigend streichelte er das Kätzchen, das nach dem überstandenen Schreck schon wieder ganz zufrieden schnurrte. Während er es behutsam auf den Boden setzte, murmelte er vor sich hin: »Na, dann lauf mal, du rabenschwarzes Biest! Und laß dich bloß nicht von den Atas erwischen – sonst fehlt dir nämlich der Kopf.«
Als er sich langsam aufrichtete, stand wie aus dem Boden gewachsen eine Fee neben ihm, die ihn strahlend anlächelte. Nun gut, vielleicht war es keine echte Fee –

die gab es ja nur im Märchen. Wahrscheinlich war es einfach ein besonders hübsches Mädchen, das ihn aus haselnußbraunen Augen freundlich-ironisch anblickte. Aber viel Ähnlichkeit mit einer Fee hatte sie schon!
»Na«, sprach sie ihn an, »du spielst wohl gerade den Kinderschreck von Schwerstadt, wie?« Dabei konnten allerdings ihre zitternden dunkelroten Lippen ein Losprusten kaum zurückhalten.
Selim starrte das unbekannte Mädchen entgeistert an. Sein Gesicht hatte die Farbe reifer Tomaten angenommen, und seine Beine fühlten sich wie Pudding an.
Da stand sie also vor ihm, seine Traumfrau – und er benahm sich wie ein Schuljunge! Wie oft hatte er nicht in der Vergangenheit von einem solchen Mädchen geträumt. Ganz cool und lässig hatte er sich dabei immer benommen, ein richtiger Humphrey-Bogart-Typ. Und was war davon jetzt geblieben?
Das Mädchen war bestimmt so groß wie Selim, und der maß immerhin einsfünfundsiebzig. Wie flüssiges Gold fiel ihr blondes Haar in weichen Wellen auf die schmalen Schultern und rahmte das ovale Gesicht mit der kleinen Stupsnase wie ein Bild ein. Nur ganz wenig Makeup betonte die großen Augen und den Schimmer ihrer Haut.
Endlich durchbrach das Mädchen die verlegene Stille und sagte: »Ich bin Monika Obranowicz und wohne im Block achtundzwanzig. Und du? Ich hab' dich hier noch nie gesehen – wohnst du nicht in der Siedlung?«
»Doch«, brachte Selim mühsam heraus, »dort drüben. Selim Nuray heiße ich.« Und dabei schämte er sich seines Namens. Wie gern hätte er gesagt: »Ich bin der Karl

Schulz« oder: »Mein Name ist Heinz Müller.« Aber nein, Selim Nuray mußte er sagen und konnte daran ebensowenig ändern wie an seinem Aussehen. Blind und taub war die Fee ja wohl nicht.
Die aber meinte in seine Zweifel hinein lachend: »Hey, prima! Dann sind wir ja fast Nachbarn. Du, da wird es aber höchste Zeit, daß wir uns besser kennenlernen! Gehst du auch zu der Jugenddisko?«
»Na ja«, gab Selim zögernd zur Antwort, »eigentlich wollte ich – aber jetzt . . .?«
»Etwa wegen der Kinder?« Monika staunte ungläubig. »Mensch, so etwas wirst du doch wohl nicht ernst nehmen!« Begeistert fuhr sie fort: »Ich kann dir nur sagen, daß in der Disko richtig was los ist – ich war nämlich schon einige Male dort. Super Typen laufen da rum, von denen macht dich garantiert keiner an. Also, los!«
Ihrer Überzeugungskraft hatte Selim nicht viel entgegenzusetzen. »Okay«, stimmte er daher entschlossen zu. »War sowieso nur ein kurzes Tief bei mir. Natürlich gehe ich in die Disko.«
»Super! Dann sehen wir uns ja nachher. Ich muß noch meine Freundin Claudia abholen. Das habe ich ihr nämlich versprochen, weißt du? Bis dann also.« Und mit einem kurzen, freundlichen Winken war sie auch schon verschwunden.
Wie hypnotisiert starrte Selim ihr nach, wie sie durch die Siedlung zu schweben schien. Alles an ihr gefiel ihm: die Figur, der schmale Rock, die Beine darunter, das lässig weite Sweatshirt mit dem bunten Aufdruck auf dem Rücken . . . Na, eben alles. Nur langsam kam er auf den Boden der Tatsachen zurück.

Als er seine Nervosität mit einer Zigarette dämpfen wollte, hielt er eine leere Packung in der Hand.
Hin zu Bruno – es ist ja nicht weit, dachte er und machte sich gleich auf den Weg. Mal sehen, wie der heute reagiert. Vielleicht demonstriert mir Meister Bruno wieder seine zweifelhaften Künste als Bauchtänzer!
Aber Bruno Kowalczik reagierte gar nicht. Lediglich einen flüchtigen Blick warf er Selim zu, dann fragte er knapp: »Dieselben wie neulich?« und griff bereits nach der Packung.
Donnerwetter, Gedächtnis hatte er ja, der dicke Bruno, das mußte Selim ihm lassen. Freundlich antwortete er: »Ja, bitte. Eine Schachtel.«
Während Bruno die gewünschte Marke hinüberschob und das Geld an sich nahm, knurrte er: »Na, gehst wohl auch zur Jugenddisko, was?«
Als Selim bestätigend nickte, fuhr er fort: »Ja, ja, ihr jungen Leute habt's gut! Das würde ich wohl auch gerne, so herumhüpfen meine ich, aber . . .« Er verzog schmerzlich das Gesicht und deutete voller Selbstmitleid auf seinen enormen Bauch.
»Na und?« Selim grinste. »Dafür frieren Sie im Winter nicht! Und ehe Sie beim Schwimmen untergehen, muß erst eine Sturmflut kommen. Aber ganz im Ernst: Kommen Sie doch einfach mit! Ihrer Figur kann das nur guttun.«
»Gott bewahre!« ächzte Bruno Kowalczik entsetzt. »Bei der Anstrengung würde ich in einer Minute alle Sünden meines Lebens ausschwitzen! Und eines will ich dir sagen: Wenn ich da auf die Tanzfläche gehe, habt ihr alle keinen Platz mehr.«

»Wie Sie meinen«, erwiderte Selim lachend, nahm die Zigaretten und trottete los.
Als er die Eingangstür zum Jugendtreff öffnete, schlugen ihm dichte Qualmwolken und hämmernder Lärm entgegen. David Bowies neue Single, erkannte er sofort. Super, hier bin ich genau richtig!
Begleitet vom zuckenden Flackern der Lichtorgel, bahnte er sich langsam einen Weg durch dicht an dicht stehende Tische und Stühle. Der Raum war verhältnismäßig klein, und alle Plätze schienen längst besetzt zu sein. Aber Selim wollte ja nicht irgendeinen Platz, er hatte ein ganz bestimmtes Ziel.
An der Theke kaufte er sich eine Cola und schlenderte damit durch die Menge der Tanzenden. Die Tritte und Stöße, die er dabei abbekam, bemerkte er gar nicht, weil er völlig auf seine Suche konzentriert war.
Dann entdeckte er sie: seine Fee – Monika! In der hintersten Ecke saß sie mit einem anderen Mädchen, offenbar ihrer Freundin Claudia, und an dem Tisch war wie zufällig sogar noch ein Platz frei.
Als Selim sich den Mädchen näherte, fiel ihm auf, daß Claudia zwar auch recht hübsch war, aber aus irgendeinem Grund ein auffallend verbittertes Gesicht machte. Ganz anders dagegen Monika: Kaum hatte sie ihn entdeckt, da begann sie auch schon zu strahlen. Lachend winkte sie ihn heran und deutete auf den freien Stuhl. Während Selim sich setzte und den beiden Mädchen grüßend zunickte, sah er, wie Claudia die Freundin anstieß, mit dem Kinn in seine Richtung wies und etwas murmelte. Aber darauf achtete er nicht weiter, und auch Monika ging nicht auf Claudia ein.

Trotz des dröhnenden Lärms unterhielten sich Monika und Selim während der nächsten Stunden ausgezeichnet. Dabei stellten sie fest, wie viele Gemeinsamkeiten sie hatten, und schon bald schien es ihnen eine Ewigkeit zurückzuliegen, daß sie sich zum erstenmal gesehen hatten. Nachdem Selim von seiner Arbeit in der Lehrwerkstatt erzählt hatte, erfuhr er, daß Monika sechzehn Jahre alt war und die zehnte Klasse des Gymnasiums besuchte. Nach der mittleren Reife wollte sie eigentlich auf eine Frauenfachschule wechseln und Erzieherin werden. Ihr Vater erwartete allerdings, daß sie Abitur machen und danach Medizin studieren würde. Monika hoffte, ihn bis zum Beginn des neuen Schuljahrs im Herbst noch umstimmen zu können.

Genau wie Selim las sie gern gute Bücher, hörte am liebsten fetzige Rockmusik und bevorzugte alte Kinofilme. Ihre gemeinsamen Lieblingsschauspieler waren James Dean und Humphrey Bogart.

Immer näher kamen sich die beiden während der Stunden im Jugendtreff. Und irgendwann entstand dann zwischen ihnen diese besondere Atmosphäre, die weder beschreibbar noch konkret faßbar ist. Unbewußt empfanden sie sie als wohltuend und schmerzhaft zugleich. Claudia hatten die beiden scheinbar völlig vergessen. Sie saß den ganzen Abend über mit sauertöpfischem Gesicht auf ihrem Platz und schien sich für nichts anderes zu interessieren als für die Cola, die auf dem Tisch stand.

Anfangs hatten sie noch versucht, Claudia in ihre Unterhaltung einzubeziehen, und Selim hatte sogar einmal mit ihr tanzen wollen. Doch als sie auf beides nur mit einem verächtlichen Herabziehen der Mundwinkel rea-

gierte, gaben sie ihre Bemühungen schnell auf. Irgendwann stand Monika auf, um in den Waschraum zu gehen. Sofort erhob sich auch Claudia und lief ihr eilig nach. Kaum hatte sich die Tür hinter ihnen geschlossen, zischte sie Monika an: »Sag mal, Mo – spinnst du eigentlich? Oder hast du noch gar nicht bemerkt, daß dein neuer Typ ein Ali ist?«
»Ali?« fragte Monika gedehnt. »Ich dachte, der Selim wäre Türke. Na ja, wenn du meinst. Aber Ali oder Türke – für beides kann er doch nichts.«
Mit einem unguten Grinsen meinte Claudia: »Das erzähl mal deinen Brüdern! Wenn die dahintersteigen, daß du hier mit einem Türken rummachst . . .«
»Erstens mache ich mit niemandem rum«, gab Monika unbeeindruckt zurück, »und zweitens gefällt mir der Selim eben. Das geht meine Brüder gar nichts an. Die sollen sich lieber um ihre eigenen Probleme kümmern – haben ja genug davon.«
»So? Du meinst also, das geht die nichts an, ja? Na bitte, du mußt es wissen!«
»Allerdings. Was hat es die zu stören, mit wem ich mich hier unterhalte – ob es nun ein Japaner, ein Marsbewohner oder ein Türke ist? Also wirklich, Claudia!«
»Oh«, machte die spöttisch. »Soviel ich weiß, sind die beiden doch vor nicht allzu langer Zeit von einer türkischen Jugendbande fürchterlich durch den Fleischwolf gedreht worden, oder?«
»Ach komm – Fleischwolf . . . Eine kleine Abreibung haben die Türken denen verpaßt, sonst nichts.«
Bei dieser Vorstellung mußten die beiden Mädchen grinsen. Dann fuhr Monika fort: »Weißt du, zwischen

den Zeilen habe ich herausgehört, daß die beiden selbst Schuld an dem Vorfall hatten. Die waren wohl wieder einmal reichlich voll, sind dann in ein türkisches Café marschiert und haben da Stunk gemacht. Das sagt wohl alles, oder? Außerdem ist es schon eine Ewigkeit her – damals wohnten wir ja noch in Starkrode.«

»Ist alles gut und schön, aber ich glaube nicht, daß deine Brüder das auch so sehen. Ich weiß nämlich von meinem Vetter, daß die beiden seither öfter mit den Jungs von der Glatzebande zusammen sind.«

»Glatzebande?« fragte Monika erstaunt. »Was ist das denn für ein Verein?«

»Was? Hast du von denen noch nichts gehört? Na, das sind so an die zwanzig Typen, die sich alle den Kopf kahlgeschoren haben. Der Anführer wird Killer-Karl genannt. Reichlich abwegige Ziele scheinen die sich gesetzt zu haben – so mit ‚die alten Zeiten zurückholen' und ähnliches. Die stehen wohl alle ziemlich weit rechts, aber wenn du mich fragst, geht es ihnen in Wahrheit nur um die Randale.«

»Davon hab' ich wirklich noch nichts gehört. Und da machen meine Brüder mit? Das darf doch wohl nicht wahr sein!«

»Ich weiß nicht, ob sie richtig mitmachen. Zumindest kennen sie ein paar Jungs von diesem Verein, und in deren Clubhaus verkehren sie wohl auch ab und zu. Aber eines weiß ich genau, meine Liebe: Diese Glatzebande ist hinter den Türken her wie der Wilddieb hinter einem kapitalen Hirsch. Und ganz besonders«, dabei warf sie einen warnenden Blick auf Monika, »mögen sie Türkenliebchen.«

»Hör doch auf mit dem Gewäsch«, meinte Monika gelangweilt. »Türkenliebchen – so ein Unsinn! Ganz nebenbei: Von wem sollten sie es denn erfahren?«
»Also, von mir ganz bestimmt nicht«, erwiderte Claudia mit harmlosem Augenaufschlag. »Aber . . .«
»Siehst du. Und jetzt komm mit in den Saal, sonst denkt Selim noch, wir wären in den Topf gefallen«, beendete Monika das Gespräch.
Wie im Flug verging der Abend für Monika und Selim. Immer näher kamen sie sich, und immer deutlicher spürten sie, daß sie sich mochten. Noch ehe der Diskjockey um zehn Uhr die Party für beendet erklärte, hatten die beiden sich für den Samstag nachmittag zu einem Stadtbummel mit Eisessen verabredet.
Später lag Selim noch lange wach in seinem Bett und hörte über Kopfhörer verträumte Musik. Dabei tauchte vor seinem inneren Auge ein hübsches Gesicht mit braunen Augen und goldblonden Haaren auf.
In dieser Welt zwischen Wachen und Schlafen war er der Wirklichkeit so weit entrückt, daß er nicht einmal hörte, wie der kleine Hakma im Traum aufschrie, obwohl er sonst jeden unregelmäßigen Atemzug des kleinen Bruders beachtete. Von einem unfaßbaren, unbeschreiblich schönen Glücksgefühl war er erfüllt. Nie hätte er sich vorzustellen vermocht, daß es ihm einmal so gehen könnte.
Dabei war alles ganz anders gelaufen, als er es sich immer ausgemalt hatte. Wie ein Humphrey-Bogart-Typ war er wirklich nicht aufgetreten. Aber wozu auch? So unglaublich sich das anhörte – Monika schien ihn gerade so zu mögen, wie er nun einmal war!

Auch Monika konnte an diesem Abend nicht sofort einschlafen. Immer wieder wurde sie von einem Gefühl der Unsicherheit gequält. Ob Claudia vielleicht doch recht hatte? Würde es Schwierigkeiten geben?
Aber warum wohl? Schließlich war sie sich keiner Schuld bewußt. Wer konnte schon etwas dagegen haben, wenn sie sich mit Selim befreundete? Es kam doch nicht darauf an, welche Staatsangehörigkeit jemand im Ausweis stehen hatte! Die innere Einstellung – nur die zählte. Und da war Selim mehr in Ordnung als mancher Deutsche.
Natürlich kannte Monika viele Jungen, aber gegen Selim waren sie alle unreife kleine Bengel. Mit dem einen oder anderen war sie wohl auch etwas enger befreundet gewesen, doch das zählte jetzt nicht mehr. Bei Selim war alles anders. Er war viel vernünftiger als die anderen, erwachsener eben. Es ging bereits auf Mitternacht zu, als auch Monika endlich einschlief. Dabei lag ein kleines, glückliches Lächeln auf ihren Lippen.

Fünftes Kapitel

In der Siedlungskneipe neben Altenzentrum und Jugendtreff herrschte an diesem Freitagabend, den Selim und Monika in der Disko verbrachten, der übliche Wochenendbetrieb. Überwiegend Männer waren es, die sich hier nach Feierabend zu einem Bier und Nachbarschaftsgeplauder zusammengefunden hatten.
Obwohl die Eingangstür weit geöffnet war, um die kühle Abendluft einzulassen, schwebten dicke Rauchwolken

mit bizarren Konturen schemengleich um die tiefhängenden Lampen. Überlaut hämmerte die Musikbox den Schlager der Saison in den Raum und durch die geöffnete Tür in die Innenhöfe der Siedlung.
Bomber-Willy, der von all seinen Gästen so genannt wurde, weil er bis zur Beendigung seiner Karriere als Profifußballer ein gefürchteter Torjäger gewesen war, schaffte es kaum noch, die Wünsche seiner Gäste nach dem üblichen Pils mit Korn schnell zu befriedigen.
Innerhalb von nur wenigen Monaten hatte er es verstanden, die für teures Geld von der Treureal AG gepachtete Gaststätte zu einer wahren Goldgrube zu machen. Seine »Zinkwanne« war zu einem Mittelpunkt des Gemeinschaftslebens in der Siedlung geworden. Gemütlich – diese Bezeichnung paßte am ehesten auf die kleine Kneipe in der Wohnglück-Siedlung.
Am dichtbelagerten Tresen hatten sich zwei Gruppen gebildet: Auf der linken Seite standen die älteren Männer in einem Halbkreis um Karl Stein. Am entgegengesetzten Ende saßen, ein wenig von den anderen abgerückt, fünf junge Männer, unter ihnen die beiden Brüder Obranowicz. Über beiden Gruppen hing eine gefährliche Spannung, die durch den Alkohol noch gesteigert wurde.
Soeben rief Karl Stein, dessen Gesicht zorngerötet war: »Also, Leute, soviel steht fest: Wenn sich da nicht bald etwas ändert, gibt es bei uns im Haus noch ein Unglück. Jeden Abend dieses Theater – so geht das nicht weiter! Ich bin sogar schon beleidigt und bedroht worden. Aber«, er wandte sich an zwei Mitbewohner von Block 32, »ihr habt ja alles selbst miterlebt.«

Die beiden nickten bestätigend, und einer von ihnen meinte: »Wenn du die Polizei rufst, ist für eine Nacht mal Ruhe, aber in der nächsten geht es genauso weiter. Diese Kanaken lassen sich von nichts und niemandem beeindrucken! Nix versteh'n – das ist das einzige, was du von denen zu hören kriegst.«

»Genau«, grollte Karl Stein. »Und die Polizei empfiehlt, zum Schiedsmann zu gehen. Pah, Schiedsmann . . .«

Aus seiner wegwerfenden Handbewegung und den verächtlich nach unten gezogenen Mundwinkeln konnten die anderen unschwer erkennen, was er von dieser Möglichkeit hielt. Sie selbst dachten ja ähnlich darüber.

»Und warum, ihr Schlauköpfe, beschwert ihr euch nicht bei der Treureal?« wollte ein Mann wissen, der mit den Problemen in Block 32 eigentlich nichts zu tun hatte. »Die könnten die Türken doch rausschmeißen, oder?«

Zorniges, verächtliches Gelächter war die Antwort. Dann rief einer der beiden Mieter aus Block 32: »Na, denkst du denn, die geistreiche Idee hätten wir nicht auch schon gehabt? Bei denen erreichst du Null Komma noch viel weniger. Weißt du, was die dir antworten? Na? Sie leiern alle möglichen Paragraphen aus dem Bürgerlichen Gesetzbuch runter, wie der Pfarrer die Litanei bei einer Bittprozession. Und wenn du dann noch immer nicht genug hast . . . Ach, die haben sämtliche Regale mit Gesetzbüchern vollstehen! Da kannst du einen Tag des ewigen Gebets veranstalten.«

»Hör doch auf«, meinte jemand zweifelnd. »Die Treureal ist bestimmt daran interessiert, daß in ihrer Siedlung Ruhe und Ordnung herrschen, damit sich die Mieter in den Wohnungen auf die Dauer wohl fühlen.«

Karl Stein lachte bitter auf. »Ruhe und Ordnung, ja? Und wohl fühlen sollen wir uns auch noch, was? Weißt du, woran die ganz allein interessiert sind? Daran, daß keine Wohnung leersteht und daß die Mieten pünktlich bezahlt werden. Sonst hätten sie die Türken gar nicht erst in die Siedlung einziehen lassen. Das war doch von vornherein abzusehen, daß so etwas nicht gutgehen kann!« Einen kurzen Augenblick schwiegen die Männer betroffen, dann fuhr Karl Stein fort: »Irgend etwas muß jedenfalls geschehen. Da bin ich mit meiner Frau extra aus der alten Wohnung ausgezogen, um Ruhe zu finden, und jetzt . . .«

»Ist doch bei uns nicht anders«, erregte sich sein Nachbar. »Wir wohnen schließlich Wand an Wand mit diesem Ayden, und meine drei Kinder müssen morgens unausgeschlafen zur Schule gehen. Zahlen wir dafür die hohe Miete? Von wegen sozialer Wohnungsbau. Genaugenommen könnten wir gleich in die Obdachlosensiedlung in der Frankenstraße ziehen – viel schlimmer kann es da auch nicht sein.«

Die jungen Männer in ihrer Ecke hatten sich bisher an der erregten Auseinandersetzung nicht beteiligt. Sie unterhielten sich halblaut über das bevorstehende Fußballspiel des FC Schwerstadt und schütteten dabei in immer rascherer Folge Bier und Korn in sich hinein.

Jetzt aber rief einer von ihnen, der wohl doch mit einem Ohr das Gespräch innerhalb der anderen Gruppe verfolgt hatte: »Die dreckigen Filzläuse müssen eben hier raus! Im Block vierundzwanzig hat es schon jemand Wort für Wort an die Wand geschrieben. Und ich sage euch: Das ist der einzige Weg!«

»Moment mal, du Rotznase«, schaltete sich ein Bewohner eben dieses Hauses ein. »Woher weißt du das eigentlich? Du bist doch gar nicht aus unserem Block.«
Der junge Mann blickte hilfesuchend auf seine Kameraden. Als ihm jedoch von dort keine Hilfe zuteil wurde, zuckte er mit den Schultern und antwortete patzig: »Mensch, hab' ich eben von irgend jemandem gehört.«
»Na, na?« Der ältere Mann zog zweifelnd die Augenbrauen in die Höhe. »Das ist nämlich eine Riesenschweinerei. Wieso hat sich dieser Schmierfink ausgerechnet unser Haus ausgesucht? Die Nurays bei uns machen keinerlei Schwierigkeiten, aber wir stehen jetzt mit der versauten Wand da.«
»Mensch, wenn ich dich schon labern hör'«, maulte einer der jungen Männer mit schwerer Zunge. »Türke ist Türke – die gehören alle ersäuft wie die Katzen.«
Während die anderen vier aus seiner Gruppe bekräftigend nickten und erregt aufeinander einsprachen, bewirkte seine Äußerung bei den älteren Männern eher, daß manch einer von ihnen wieder zur Vernunft kam. Sicher, diese Aydens waren eine Landplage – darüber waren sich alle einig. Aber wie die jungen Schickerbolzen da drüben in die Sache einstiegen, das konnte auch nicht richtig sein.
In ihre Überlegungen hinein schrie einer der fünf Jüngeren: »Ha, zu Hause lebten die Kakerlaken in den finstersten Höhlen, und bei uns machen sie sich in Neubauwohnungen breit. Ist das vielleicht in Ordnung?«
»Bestimmt nicht«, bekräftigte sein Nachbar. »Wenn die wieder ausziehen, können die Wohnungen nämlich abgerissen werden. Bei dem Gestank . . .«

Jetzt aber reichte es einem der älteren Männer. »Nun schüttet mal nicht gleich das Kind mit dem Bade aus! Ihr redet alle von ‚den' Türken, dabei gibt es bei denen solche und solche – genau wie bei uns.«
»Waas?« fuhr einer der jungen Männer, vom Alkohol benebelt, auf. »Willst du das Kakerlakenpack etwa mit uns vergleichen?«
Zusammenhanglos schrie einer seiner Kameraden dazwischen: »Warum haben wir denn keine Jobs, hm? Doch wohl bloß wegen der Atas!«
Und ein dritter ergänzte: »Genau. Also raus mit der Türkenbrut!«
Hin und her ging das Geschrei, und die Erregung schlug hohe Wellen. Währenddessen bekam Karl Stein ein schlechtes Gewissen. Mann, o Mann, dachte er, bin ich mit meiner Wut auf den Ayden womöglich schuld an dieser Streiterei? Das wollte ich doch nicht. Vielleicht hätte ich erst noch etwas anderes versuchen müssen. Aber was wohl?
So sehr er sich auch bemühte, er fand keine Antwort auf seine bohrenden Fragen. Immer mehr bekam er dabei das Gefühl, durch seinen – sicherlich nicht ungerechtfertigten – Zornesausbruch einen Flaschengeist freigesetzt zu haben. Erleichtert stellte er fest, daß sich die Wogen der Auseinandersetzung mit der Zeit glätteten.
Er wurde erst wieder aufmerksam, als jemand rief: »He, kennt ihr den? Was ist ein Türke in der Flasche? Na, eine Stinkbombe natürlich!«
Sofort trugen auch die anderen Gäste ihr Witzrepertoire bei, das bei den Türken anfing, dann zu Ostfriesen und anderen Randgruppen wechselte, um bei schlüpfrigen

Themen zu enden. Die gefährliche Atmosphäre der vergangenen Stunden hatte sich, wenigstens für den Augenblick, wieder entladen.
Und genau in diesem Moment wollte es der Zufall, daß Mustafa Ayden die Zinkwanne betrat. In seiner Begleitung befanden sich drei jüngere Türken, die in Osterfeld in einer verkommenen alten Siedlung lebten und mit Ayden zusammen in der Kokerei arbeiteten. Er hatte ihnen so viel Gutes über seine neue Wohnung erzählt, daß sie sich unbedingt einmal alles selbst ansehen wollten. Den bisherigen Abend hatten sie in Aydens Wohnung verbracht, mit Gesprächen über die Heimat, nach der sie sich alle sehnten, sowie mit heimischen Leckereien und türkischer Musik. Jetzt wollten sie den Tag bei Bomber-Willy ausklingen lassen. Ayden wußte, daß der Wirt der Zinkwanne für gelegentliche Besuche seiner wenigen türkischen Gäste einen hervorragenden Raki bereithielt. Nur einen flüchtigen Blick warfen die vier auf die Männer am Tresen. Dann nickten sie dem Wirt kurz zu, setzten sich in der abgelegensten Ecke an einen Tisch, und Ayden deutete Bomber-Willy mit vier Fingern der rechten Hand seine Bestellung an: vier Gläser Raki.
Totenstill war es inzwischen am Tresen geworden. Keinen Blick ließen die Männer dort von den Türken, die sich anscheinend gar nicht bewußt waren, wie bedrohlich die Situation in der kleinen Kneipe war.
Dann wurde einigen Gästen das stumme Anstarren wohl zu langweilig. Sie setzten ihre Gespräche fort, in deren Mittelpunkt zuletzt bei beiden Gruppen König Fußball gestanden hatte. Allerdings hielten sie, ohne selbst den Grund dafür zu kennen, die Lautstärke gedämpft.

Nur in der Ecke der jungen Männer, wo der Alkohol bereits deutliche Signale zu setzen begann, gärte es weiter. »Dreckspack – Kanaken – Filzläuse – Stinkböcke – Kakerlakenbrut« und ähnliches schwirrte durch den Raum. Anfangs noch sehr leise, wurden die Beschimpfungen bald immer lauter und zielgerichteter.
Vergebens bemühte sich Bomber-Willy, der eigentlich Fritz Steinhäuser hieß und in dieser Kneipe nichts weiter wollte als sein ruhiges Auskommen verdienen, die als Stänkerer bekannten Gruppenmitglieder zur Ruhe zu bringen. So groß der Respekt auch war, den Bomber-Willy ansonsten bei den fünf jungen Männern genoß, die nach ihren beiden Anführern Jürgen und Klaus Obranowicz von allen nur »die Obs« genannt wurden, diesmal ließen sie sich von seinen Vermittlungsversuchen nicht beeinflussen.
Urplötzlich explodierte dann das Pulverfaß, als einer der fünf Jüngeren rief: »Raus, ihr Türkenschweine, oder wir schlagen euch die Fressen ein!«
Sekundenlang lag lähmendes Schweigen über den Anwesenden. Alle hielten den Atem an. Dann erhob sich Mustafa Ayden langsam von seinem Stuhl. Einer seiner Landsleute versuchte noch, ihn am Ärmel festzuhalten, während ein anderer mit sich überschlagender Stimme auf ihn einredete.
Ayden aber schüttelte nur den Kopf und gab eine knappe Antwort. Dann machte er sich von der Hand seines Landsmannes frei und ging auf den Schreihals zu. Einen Augenblick lang blieb er ruhig vor ihm stehen, ehe er sagte: »Ich Türke, gutt. Aber ich nix Türkenschwein, auch gutt? Nur du Schwein – deutsches Schwein.«

Zorniges Gemurmel aller Anwesenden gab dem Schreier den Mut, vorsichtig von seinem Hocker zu gleiten. Aus blutunterlaufenen Augen starrte er den Türken an. Plötzlich nahm er den Kopf zurück – und spuckte Mustafa Ayden mitten ins Gesicht.
Der Türke stand wie zur Salzsäule erstarrt. Keinen Blick ließ er von seinem Gegenüber, während er mit langsamen, mechanisch wirkenden Bewegungen ein Taschentuch hervorzog und sich den Speichel abwischte.
Seine Landsleute hatten in der kurzen Zeitspanne gebannt an ihrem Tisch gesessen und das Geschehen hilflos beobachtet. Jetzt aber eilten sie, wie auf ein geheimes Kommando, zum Tresen hinüber, um wenigstens das Schlimmste zu verhindern. Denn wer hätte besser als sie gewußt, daß Ayden soeben tödlich beleidigt worden war?
Mustafa Ayden stand noch immer mit starrem Blick vor dem schwankenden jungen Mann. Die drei Landsleute, die in seinem Rücken leise auf ihn einsprachen, schien er gar nicht wahrzunehmen. Er trat einen Schritt zurück und zischte: »Dafür ich dich machen alle, deutsches Schwein!«
Dann ging alles blitzschnell: Die angetrunkenen Männer schrien wild durcheinander. Einer von ihnen faßte Ayden an der Schulter und wirbelte ihn zu sich herum. Als er gerade zu einem Fausthieb ansetzte, sprang Ayden zur Seite. Sofort griff er nach einer großen Colaflasche, die fast leer auf dem Tresen stand, schlug ihr den Hals ab und ging, die zackige Waffe angriffsbereit vor sich haltend, auf die Gruppe zu. Kalter Schweiß stand auf seiner Stirn.

Das alles war viel rascher geschehen, als es zu beschreiben ist, und niemand war währenddessen richtig zum Nachdenken gekommen. Erst bei Aydens ruckartiger Bewegung, mit der er zum Angriff überging, löste sich die Erstarrung, die wie ein Bann über allen gelegen hatte. Fast gleichzeitig stürzten sich die drei anderen Türken auf ihn, hielten ihn eisern umklammert und zerrten ihn an den Tisch zurück.

Auch die Gruppe der Rauflustigen wurde von mehreren Gästen entschlossen zurückgedrängt. Bomber-Willy hatte einen Gummiknüppel hervorgeholt, den er den jungen Männern warnend vor die Augen hielt. »Jetzt reicht's!« donnerte er. »Wenn einer von euch noch mal das Maul auftut, kriegt er hiermit was vor die Zähne!« Seiner überzeugenden Argumentation hatte niemand aus der Gruppe etwas entgegenzusetzen, so daß kurze Zeit später wieder Ruhe eingekehrt war. Für die fünf jungen Männer war die Angelegenheit ohnedies erledigt. Sie hatten ihren Spaß gehabt und den Kanaken so richtig schön ins Schwitzen gebracht. Jetzt hatten sie wenigstens einen Grund, ihren Triumph zu begießen.

Während sich in der kleinen Gaststätte allmählich der gewohnte Lärmpegel einstellte, zahlten die Türken schweigend ihre Zeche und verließen das Lokal. Ihre Gläser ließen sie unberührt auf dem Tisch stehen.

Sechstes Kapitel

Wieder glich das Badezimmer der Familie Nuray einer belagerten Festung, die ständig berannt, von einem überlegenen Verteidiger aber unnachgiebig gehalten wurde: Selim hatte sich zur Körperpflege zurückgezogen. An diesem Nachmittag nahm er es mit seinem Äußeren noch genauer als gestern abend. Schließlich war er zum erstenmal mit einem Mädchen verabredet – und mit was für einem Mädchen!

Erst als der verhältnismäßig geduldige Ismail Nuray seinem Sohn lauthals empfahl, doch besser das türkische Dampfbad in Istanbul zu pachten, sah Selim sich gezwungen, das Bad zu räumen.

Im Erdgeschoß fiel sein erster Blick auf die Wand, die vor einigen Tagen mit der antitürkischen Parole beschmiert worden war. Irgend jemand hatte offenbar versucht, die Wand sauberzumachen – erfolglos. Die leuchtendrote Farbe war zwar verwischt und die Schrift kaum mehr lesbar, aber Spuren waren doch zurückgeblieben. Bei genauerem Hinsehen erkannte Selim sogar, daß vor dem Reinigungsversuch dem Schriftzug auch noch Symbole längst versunkener Reiche hinzugefügt worden waren.

Heute konnte Selim über all das nur lächeln. Vielleicht ein angehender Plakatmaler, der sich da zu entfalten versuchte, dachte er. Nein, er war viel zu glücklich, um sich durch solche Kindereien erschüttern zu lassen. Außerdem wußte er ja seit dem Diskobesuch, daß man in diesem Land auch als Türke anerkannt sein konnte. Es lag an jedem selbst, welche Erfolge er erzielte.

Wenig später, als er langsam von der Siedlung zur Siegessäule in der Stadtmitte schlenderte, überfiel ihn trotz dieser vernünftigen Überlegung wieder die alte Unsicherheit, die die Vorfälle der vergangenen Tage in ihm hervorgerufen hatten. Ob sie überhaupt kommen würde? So ein Mädchen konnte doch an jedem Finger zehn haben! Was sollte sie da gerade mit ihm, Selim Nuray? Was konnte sie an einem finden, der überall auf Ablehnung stieß, nirgends richtig dazugehörte?
Immer zögernder wurde sein Schritt, in immer weitere Ferne rückte sein Ziel. Mit jedem Meter, den er zurücklegte, wuchsen die Zweifel; jede Straßenkreuzung, die er überquerte, steigerte seine Niedergeschlagenheit.
»Mensch, Selim«, begann er schließlich, Selbstgespräche zu führen, »du bist ja größenwahnsinnig. Für wen hältst du dich eigentlich? Klar – du bist James Dean, okay. Nein? Eher Humphrey Bogart, wie? Ist ja auch noch cooler, der Typ. Ehrlich, Junge, ich glaub', dich hat ein Pferd getreten. Hast wohl lange nicht mehr in einen Spiegel geguckt. Doch? Na, was hast du denn da gesehen, hm? Also bitte, wozu dann der weite Weg? Hau ab, geh nach Hause – sie kommt ja doch nicht.«
Aber er kehrte nicht um. Irgend etwas, eine unbestimmte Sehnsucht, eine vage Hoffnung hinderten ihn daran. Mit hölzernen Bewegungen wie eine aufgezogene Puppe ging er immer weiter, bis er die Siegessäule erreicht hatte, wo er um fünfzehn Uhr mit Monika verabredet war. Ein Blick auf die große Uhr über dem Kiosk: noch eine gute halbe Stunde. Nervös lief er auf und ab, ständig wurde sein Blick wie von einem Magneten auf die Uhr gezogen, deren großer Zeiger sich nicht vorwärtsbewe-

gen wollte. Dabei hatte er das Gefühl, von den vorbeihastenden Menschen neugierig betrachtet oder insgeheim gar ausgelacht zu werden.
Die Hände auf dem Rücken zusammengekrampft, umrundete er wie ein gefangener Tiger ruhelos die Siegessäule, die für ihn zum Symbol einer schrecklichen Niederlage zu werden schien. Immer drohender, immer quälender wurden die Fragen, die er sich stellte und beantwortete. Gestern – das war doch vorbei, zählte heute nicht mehr. Wer wußte schon, aus welcher Laune heraus sie sich mit ihm verabredet hatte? Vielleicht aus Mitleid, weil sie den Vorfall mit den Kindern mitbekommen hatte. Bei diesem Gedanken wurde ihm heiß und kalt. Ja, das war's wohl. Trösten wollte sie ihn – gestern. Mitleid hatte sie mit ihm, dem armen Türkenjungen. Und heute war alles längst vergessen. Vielleicht ging sie in diesem Augenblick mit einem deutschen Jungen irgendwo spazieren!
Selim war sicher, die einzig richtige Erklärung gefunden zu haben. Merkwürdigerweise bewirkte diese Erkenntnis, daß die Spannung, die ihn zu einem Nervenbündel gemacht hatte, wie Staub von ihm abfiel. Mit einem Mal schien alles wieder klar und einfach zu sein. Ruhig und gelöst stand er neben der Siegessäule und hielt das Gesicht mit geschlossenen Augen der strahlenden Nachmittagssonne entgegen.
Schon länger als eine Woche hielt es jetzt an, dieses herrliche, warme Frühlingswetter. Ende April, ungewöhnlich früh, deutete es bereits auf einen schönen Sommer hin. Da würde er sich im Freibad richtig austoben können, denn Schwimmen war etwas, was er lei-

denschaftlich gern tat. Vor allem, weil man diesen Sport allein ausüben konnte.
Und dann stand sie neben ihm. Wie gestern mußte sie förmlich aus dem Boden gewachsen oder wie eine Fee aus verborgenen Zauberreichen in diese triste Welt geschwebt sein, um auch der ein wenig Licht und Hoffnung zu bringen.
»Hallo«, begrüßte sie ihn lächelnd. Dann aber, als sie in Selims ungläubig blinzelnde Augen blickte, verschwand ihr Lächeln wie weggewischt und machte einem unsicher-fragenden Ausdruck Platz.
»Was ist denn«, wollte sie fast ängstlich wissen, »bin ich etwa zu spät gekommen? Oder warum machst du so ein komisches Gesicht?«
Selim mußte sich erst räuspern, um seine Überraschung zu überwinden. Dann brachte er mühsam hervor: »Hallo. Nein, nein, ich bin auch eben erst eingetrudelt.«
Sofort wurde Monikas Gesicht wieder hell. »Wie sieht's aus, gehen wir ein Eis essen?«
Langsam überwand Selim seine Unsicherheit und Befangenheit. »Na klar«, meinte er großspurig. »Ein Supereis für eine Superfrau.«
»Spinner!« Monika lachte. Offensichtlich hatte ihr das ungewohnte Kompliment gefallen. »Also los«, forderte sie Selim auf, »wer zuletzt im Eissalon ankommt, bezahlt die Zeche. Ohne Schweiß kein Eis!« Und schon lief sie los. Quer über den großen Parkplatz rannte sie, wo die Fahrzeuge dicht an dicht standen.
Sekundenlang zögerte Selim, dann rannte er hinterher. Wahrscheinlich war er schneller, aber das half ihm auf dem unübersichtlichen Parkplatz nicht viel. Immer wie-

der lief Monika um irgendwelche parkenden Autos herum, tauchte, sobald Selim in ihre Nähe kam, sofort hinter einem anderen Fahrzeug unter und, wenn Selim endlich glaubte, sie erwischt zu haben, hinter einem weit entfernt stehenden Wagen wieder auf.
Wie Kinder spielten sie Fangen, und manch ein eiliger Passant blieb stehen, um verständnislos den Kopf über die ausgelassene Jugend von heute zu schütteln. Für die beiden aber gab es nur noch Monika und Selim, nur den Augenblick. Selbst der Gedanke an das Eisessen war verlorengegangen.
Endlich gelang es Selim, Monika zu stellen. Als sie sich gerade hinter einem kleinen Auto verstecken wollte, sah er sie. Hastig, aber möglichst vorsichtig schlich er sich an sie heran. Plötzlich schien sie ihn hinter sich zu spüren. Sie wandte sich um, sprang mit einem erschreckten Seufzer auf und wollte wieder weglaufen.
Selim aber hatte aufgepaßt. Sofort griff er zu und hielt Monika an beiden Oberarmen fest.
Schwer atmend standen sie sich ganz nah gegenüber. Lächelnd blickten sie sich in die Augen. Dann, langsam, wie eine Wolke vor die Sonne zieht, verschwand das Lächeln auf ihren Gesichtern und wich einem tiefen Ernst. Die Zeit schien für sie den Atem anzuhalten. Sekunden wurden zur Ewigkeit, als sie sich nachdenklich und stumm fragend in die Augen blickten. Wie ein Versinken in unbekannte Räume, in denen sämtliche Fragen und Antworten des Lebens aufbewahrt werden, empfanden sie diesen Moment.
Alle Unsicherheiten und Ängste waren von ihnen abgefallen. Plötzlich war alles so einfach, so selbstverständ-

lich und logisch. Ganz natürlich war es, daß sich ihre Lippen zum ersten Kuß fanden – scheu und vorsichtig zunächst, dann immer sicherer, immer mehr den anderen erkennend.

Wie in einem unbeschreiblich schönen Traum befangen, lösten sie sich wieder voneinander und sahen sich wortlos lächelnd an. Vogelleicht glitten ihre Fingerkuppen über die Gesichtszüge des anderen, jeden Punkt mit feinsten Nerven ertastend. Verstehen konnten sie in diesem Augenblick beide nicht – nur erahnen. Und noch viel weniger konnten sie aussprechen, was ihre Herzen mit fliegendem Pochen herausschreien wollten: Ich liebe dich – dich, meine erste Liebe! Behutsam traten sie gleichzeitig einen kleinen Schritt zurück.

»Komm«, bat Selim leise mit belegter Stimme. Wie selbstverständlich legte er seinen Arm um Monikas Schultern, und sie schmiegte sich ganz eng in diese schützende und zugleich besitzergreifende Umarmung.

In der Fußgängerzone der Hochstraße herrschte ein unübersichtliches Menschengewühl. Das schöne Wetter hatte unzählige Sonnenhungrige dazu verlockt, einen Spaziergang mit dem erforderlichen Wochenendeinkauf zu verbinden. Es wurde gedrängt und geschoben, alle wollten bis achtzehn Uhr soviel wie möglich erledigen. Mitten in dieser Hektik wirkten Monika und Selim wie Treibholz auf einem kaum bewegten Meer.

Kaum ein Wort fiel zwischen ihnen; alles was sie sich zu sagen hatten, drückten sie durch Blicke oder die Berührung ihrer Hände aus. Mit unerschütterlicher Sicherheit spürten sie, daß sie zusammengehörten – was immer sich ihnen auch in den Weg stellen mochte.

So vertieft waren die beiden ineinander, daß sie die merkwürdigen, teils fragenden, teils verächtlichen Blikke nicht registrierten, mit denen sie von mehreren Passanten bedacht wurden. Auch gelegentliche Bemerkungen wie »Türkenliebchen« oder »Flittchen« nahmen sie nicht wahr. Die beiden befanden sich in einer anderen Dimension, zu der menschliche Unzulänglichkeiten wie Haß und Neid keinen Zugang hatten. In dieser kleinen Welt gab es weder Rassen noch Nationalitäten; da gab es nur Menschen, die sich mit gegenseitiger Achtung und Verständnis füreinander entgegenkamen.

Am oberen Ende der Hochstraße lösten sie sich aus dem Menschengewühl und schlenderten zum nahegelegenen Park hinüber, wo sie sich auf der freien Bank unter einer Birkengruppe niederließen. Noch immer gab es für sie weder Zeit noch Raum. Daher sahen sie auch den älteren Mann nicht, der auf der Bank gegenüber saß und zu ihnen herüberstarrte. Seine Lippen bewegten sich unaufhörlich, wie in einem stummen Gebet. Immer verbitterter wurde sein zerfurchtes Gesicht.

Dann stand der Mann plötzlich vor ihnen. Wie aus einem tiefen Traum erwachten die beiden, als er Monika anknurrte: »Also wirklich, schämst du dich nicht? Müßt ihr euch in der Öffentlichkeit wie die Turteltauben benehmen? Das kann ja kein vernünftiger Mensch mehr mit ansehen. Und dann auch noch mit so einem!«

Nachdem er gesagt hatte, was ihm auf dem Herzen lag, drehte er sich um, schüttelte noch einmal verständnislos den Kopf und verschwand. Für die beiden aber war durch seine Worte der Zauber zerstört, der sie in den vergangenen Stunden gefangengehalten hatte. Das jähe

Erwachen, dieses schlagartige Zurückgerissenwerden in die Wirklichkeit tat weh.
»Es tut mir leid«, murmelte Selim fast unhörbar. »Daran hätte ich denken müssen.«
»Red keinen Blödsinn!« fuhr Monika auf. »Von so einem werden wir uns doch nicht provozieren lassen!«
»Ach, das ist kein Einzelfall«, gab Selim langsam zurück. »In letzter Zeit bricht die Ausländerfeindlichkeit überall offen hervor. Schau doch in die Zeitung, oder mach den Fernseher an – überall gibt es irgendwelche Feindseligkeiten. Und am schlimmsten betroffen sind die Türken. Woran das liegt? Keine Ahnung. Vielleicht daran, daß die Menschen ein Ventil brauchen für ihre eigene Unsicherheit, ihre Zukunftsangst.«
»Quatsch!« unterbrach ihn Monika. »In Einzelfällen magst du recht haben, aber das gilt nicht für die breite Masse. Die hat schließlich aus der Vergangenheit gelernt.«
Selim schüttelte den Kopf. »Nein, ich glaube, so einfach ist das nicht. Gut, eine allgemeine Ausländerfeindlichkeit mag es im Augenblick noch nicht geben, aber es gibt eben einzelne – und sogar kleinere Gruppen –, die systematisch hetzen und bohren. Und bitte, waren es denn nicht immer nur einige wenige Fanatiker, die in bestimmten Situationen – zum Beispiel wenn, wie jetzt hier, die wirtschaftliche Lage kritisch war – unter den Massen eine Hysterie ausgelöst haben? Betroffen von den Folgen aber waren immer irgendwelche Minderheiten wie Juden, Neger oder Zigeuner. Na ja, und heute sind es eben die Türken – da ist eine Gruppe so gut wie die andere.«

Bewundernd blickte Monika den Freund an. Wie ruhig und sachlich er war, sehr viel älter als siebzehn erschien er ihr in diesem Moment.
Einige Zeit dachte sie über das nach, was Selim eben gesagt hatte. Dann kam ihr eine Idee. »Du, laß uns doch ins Jugendheim an der Kornstraße gehen, ja? Weißt du, ich hab' da meine Clique – alles nette Typen, Auszubildende, Schüler und Studenten. Zwischen dreizehn und zwanzig ist alles vertreten. Da wirst du schon sehen, daß es keine allgemeine Ausländerfeindlichkeit gibt. Na, wie ist es?«
»Okay, warum nicht?« erwiderte Selim zögernd.
Hand in Hand verließen sie den Park. Am nahegelegenen Postamt und am Bahnhof vorbei gingen sie durch die Innenstadt zur Kornstraße. Dort unterhielt die Pfarrgemeinde einen ganztägig geöffneten Treff.
Als die beiden den kleinen Nebensaal des Jugendheims betraten, erhob sich gleich ein lautes Hallo. Trotz herrlichem Frühlingswetter und traditionellem Fußballtag hatten sich auch heute von der insgesamt vierundzwanzigköpfigen Gruppe immerhin noch sechs Mädchen und vier Jungen hier getroffen.
Während sich zwei Jungen, die etwa so alt wie Selim sein mochten, die Zeit am Billardtisch vertrieben, waren zwei Mädchen, die wohl das Alter seiner beiden Schwestern hatten, mit Tischtennisspielen beschäftigt. Die anderen saßen an einem langen Tisch. Bis zu Monikas und Selims Eintreffen hatten sie sich über die mangelnde Beteiligung am vergangenen Ostermarsch erregt.
Durch die Neuhinzugekommenen wurde ihr Gespräch zunächst wieder in ruhigere Bahnen gelenkt. Auch die

Billard- und Tischtennisspieler hatten ihr Spiel kurz unterbrochen, um Monika zu begrüßen, die hier sehr beliebt war. Allerdings war bei den jungen Leuten wohl auch eine gewisse Neugier im Spiel, denn Selim war ihnen allen ja völlig unbekannt. Zudem war Monika bisher nie mit einem Jungen hier aufgetaucht.
Mit vorsichtigen, nicht verletzenden Fragen bemühten sich die Jugendlichen, etwas mehr über Selim zu erfahren. Er antwortete ruhig und ohne auszuweichen.
Bald hatten die anderen herausgefunden, daß Selim in die Kategorie »feiner Typ« einzuordnen war. Und als Rolf, der Wirtschaftswissenschaften studierte und so etwas wie der geistige Führer dieser Clique war, sagte: »Bring doch demnächst deine Schwestern mit! Denen wird es hier bestimmt auch gefallen«, war für alle klar, daß Selim von nun an zu ihnen gehörte.

Siebtes Kapitel

Das Wochenende war vorüber. Noch am Sonntag war das Wetter ganz plötzlich umgeschlagen. Statt des herrlichen Sonnenscheins gab es jetzt Regen und Kälte. Sturmböen peitschten über das Land, und die Tagestemperaturen waren wieder auf den Nullpunkt gefallen.
Am Montag fand sich die Familie Obranowicz erst um acht Uhr am Frühstückstisch zusammen. Monika hatte in dieser Woche noch Osterferien, und Bernd Obranowicz, der Vater, mußte erst später zum Dienst.
Schon vor mehr als einer halben Stunde war die Mutter, Maria Obranowicz, zur Trinkhalle von Bruno Kowalczik

gegangen, um Brötchen und die Tageszeitung zu holen. Ungeduldig wartete die Familie auf ihre Rückkehr.
»Hat sich bestimmt wieder irgendwo festgeredet, die Frau«, brummte Bernd Obranowicz gutmütig. »Na ja, ein Mann, ein Wort, eine Frau . . .«
»Eine Silbe«, fuhr Monika pfeilschnell dazwischen und lachte hell auf.
Lächelnd und stolzerfüllt betrachtete Bernd Obranowicz seine Tochter. Nach den beiden Jungen war sie, das dritte und letzte Kind der Obranowiczs, stets das Nesthäkchen der Familie und der besondere Liebling ihres Vaters gewesen. Nahezu alles konnte sie bei ihm erreichen.
Wenigstens sie soll es einmal besser haben als wir, dachte er – wie so oft – auch jetzt und warf Monika ein zufriedenes Lächeln zu.
Ja, Bernd Obranowicz sah Monikas weiteres Leben ganz klar vor sich liegen: noch ein halbes Jahr bis zur mittleren Reife, dann nach drei Jahren das Abitur, selbstverständlich mit einer Durchschnittsnote von 1,0. Sechs Jahre Medizinstudium – am liebsten in Bonn oder Heidelberg –, zwei Jahre Krankenhausausbildung und als Endziel eine eigene Praxis als Kinderärztin. Nun ja, irgendwann später würde sie sicherlich auch heiraten und ihn zum Großvater machen wollen.
Kaum ein Tag verging, an dem er nicht – wenigstens andeutungsweise – mit Monika oder seiner Frau über diese Zukunftspläne sprach. Sogar Sparverträge und Ausbildungsversicherungen in beträchtlicher Höhe hatte er schon vor langer Zeit abgeschlossen, um sicherzustellen, daß die Karriere seiner Tochter nicht am fehlenden Geld scheitern würde. Nie hatte er es bis heute be-

reut, daß er dafür einen großen Teil seines nicht übermäßig hohen Einkommens aufwenden mußte, das er als Busfahrer bei den Schwerstadter Stadtwerken verdiente.
In letzter Zeit jedoch fiel es ihm immer schwerer, die selbstauferlegte Sparpflicht zu erfüllen, besonders weil seine beiden Söhne nach dem Abschluß ihrer Berufsausbildung nicht weiterbeschäftigt werden konnten und schon seit längerem zu den Dauerarbeitslosen gehörten.
Auch die letzte Hoffnung der beiden jungen Männer, nämlich der Versuch, sich als Zeitsoldaten bei der Bundeswehr zu verpflichten, hatte sich – wegen mangelnder körperlicher Tauglichkeit – zerschlagen. So bezogen sie eine geringe Sozialhilfe und lebten im übrigen auf Kosten der Eltern.
Bei dem Gedanken an die beiden Söhne verdüsterte sich Bernd Obranowiczs Miene. Und als sein Blick auf die griesgrämigen Gesichter der beiden fiel, die offensichtlich wieder einmal unter erheblichen Alkoholnachwehen litten, spürte er Zorn in sich aufsteigen.
»Habt ihr etwa gestern abend wieder das ganze Geld in der Kneipe durchgebracht?« herrschte er sie an.
Die beiden zuckten zusammen. »Nein, natürlich nicht«, entgegnete der zwanzigjährige Jürgen hastig. »Du kennst uns doch, Vater«, setzte er mit tugendhaftem Augenaufschlag hinzu.
»Deswegen frage ich ja«, sagte Bernd Obranowicz verächtlich. »Ihr fangt morgens um acht mit der Schluckerei an und hört erst auf, wenn euch Bier und Korn aus den Ohren herauslaufen. Auf den Gedanken, mal ein paar Mark zur Familienkasse beizusteuern, kommt ihr gar nicht erst. Dabei sind die Zeiten schwer genug.«

Empört sprang der achtzehnjährige Klaus auf – wohl zu hastig, denn im gleichen Moment stöhnte er laut und griff sich an den schmerzenden Kopf. »Das ist nicht unsere Schuld«, beteuerte er dann mit wehklagender Stimme, »wenn wir keine Arbeit bekommen! Es gibt eben zu viele Ausländer in unserem Land, da brauchen sie uns nicht mehr. Was hier fehlt, ist eine eiserne Hand, die wie der Blitz dazwischenfährt. So wie damals, weißt du. Da würde das ganze Kanakenpack mit feurigen Besen weggefegt, sage ich dir. Dann gäbe es keine Arbeitslosigkeit mehr – auch für uns nicht!«
Erschöpft ließ er sich nach der ungewöhnlich langen Rede auf seinem Stuhl nieder und trank in hastigen Zügen ein großes Glas Wasser leer.
Bernd Obranowicz verzog ironisch die Mundwinkel. »Ihr und arbeiten – der Witz ist gut! Ihr könnt doch die Hände nur noch zum Zigarettendrehen und Flaschenhalten benutzen. Abgesehen davon, mein Lieber, sei mal schön vorsichtig mit deinen ‚feurigen Besen'! So mancher Schuß ist schon nach hinten losgegangen – auch damals, wie du so schön sagtest.«
Besänftigend meinte Jürgen: »Also bitte, Vater. Irgendwie hat der Klaus doch recht. Die Politiker sind heutzutage wirklich zu weich, nur deswegen machen die Atas sich hier so breit. Sieh dich doch mal um, in Berlin oder auch hier im Ruhrgebiet! Da gibt's bald mehr Türken als in der Türkei selbst. Und die leben hier wie die Maden im Speck, während wir, die Herren des Landes, vor die Hunde gehen.«
Erregt fügte Klaus hinzu: »Genau! Die Glatzen, die sehen das schon richtig und sorgen auf ihre eigene Art für

Ordnung.« Dabei nickte er seinem Vater mit selbstzufriedener Miene zu. Als er aber sah, wie sich dessen Gesicht noch mehr verdüsterte, sagte er schnell: »Na ja, so genau kennen wir die ja nicht. Aber ab und zu treffen wir uns zufällig in irgendeiner Kneipe, und da hört man das eine oder andere.«
Mit einem vorsichtigen Blick auf den Vater, von dem er wußte, daß er von radikalen Bewegungen, gleich welcher Farbe, nichts hielt, meinte Jürgen: »Allerdings – für Ordnung sorgen die schon. Du, die haben kürzlich Kanakentreffs in verschiedenen Städten zu Brennholz verarbeitet. Und an die vierzig oder fünfzig Atas haben sie bei der Gelegenheit gleich die Knochen numeriert.«
Begeistert lachte Klaus auf. »Das muß ein tolles Tänzchen gewesen sein! Wenn die Jungs so weitermachen, bekommen die Kanaken bald derartiges Fracksausen, daß sie ganz von allein verschwinden.«
»Nun haut mal nicht so auf den Putz, ihr Möchtegern-Faschisten! Ihr habt doch bloß Langeweile, genau wie diese Glatzeköpfe. Wenn ihr den ganzen Tag arbeiten würdet, hättet ihr nicht solche Flausen im Kopf. – Wo bloß Mutter bleibt?« fragte er sich dann selbst und warf einen verwunderten Blick auf seine Armbanduhr.
Monika hatte die ganze Zeit über geschwiegen. In ihrer Familie war es nicht üblich, daß Frauen eine eigene Meinung äußerten – und erst recht nicht in politischen Dingen. Allerdings war sie bei den Äußerungen ihrer Brüder derart wütend geworden, daß sie sich nur mühsam beherrschen konnte. Ihr war jedoch klar, daß die beiden rasch mißtrauisch geworden wären, wenn sie sich mit ihnen erst mal auf eine Diskussion eingelassen hätte.

Froh, daß das Thema am Kaffeetisch gewechselt werden konnte, bot sie hastig an: »Soll ich mal schnell nachsehen, wo Mutti bleibt?«
Ihr Angebot erübrigte sich, denn in diesem Augenblick wurde die Tür geöffnet, und Maria Obranowicz trat mit nassen, zerzausten Haaren ein.
»Wißt ihr schon das Neueste?« rief sie aufgeregt. »Na, woher auch?« beantwortete sie sich ihre Frage selbst, als sie die verwunderten Gesichter der anderen sah. »Also, wenn der erwischt wird, gibt es sofort eine Lynchjustiz – garantiert!«
»Komm, komm, Mutter – nun beruhig dich erst mal«, versuchte Bernd Obranowicz die Erregung seiner Frau zu dämpfen. »Was ist denn eigentlich los?«
»Hier – hier steht's!« rief sie und wies mit dem Finger auf einen Artikel im Regionalteil der Tageszeitung. »Mädchen überfallen«, las sie laut vor. »Am Sonntag abend gegen dreiundzwanzig Uhr wurde im Stadtteil Osterfeld ein fünfzehnjähriges Mädchen von einem Unbekannten überfallen, sexuell mißbraucht und mit mehreren Messerstichen verletzt. Das Mädchen befand sich auf dem Heimweg, als es in der Nähe des Marktplatzes von dem unbekannten Täter abgefangen wurde. Ein Passant entdeckte das blutüberströmte Opfer und verständigte sofort die Polizei. Der herbeigerufene Notarzt veranlaßte den Abtransport ins Marienhospital. In einer ersten Verlautbarung bezeichneten die behandelnden Ärzte den Zustand des Opfers als sehr ernst. Von dem Täter fehlt bisher jede Spur. – Siehst du, Monika«, fügte sie hinzu, »hier steht, daß das Mädchen blonde Haare hatte – genau wie du.«

Bernd Obranowicz nickte besorgt. »Ich habe dir ja schon oft genug gesagt, daß du bei Einbruch der Dunkelheit zu Hause sein sollst. Heutzutage ist doch niemand mehr seines Lebens sicher.«
»Jedenfalls, so lange nicht, wie diese Kanaken im Land sind«, ereiferte sich Klaus. »Wenn da nicht wieder ein Ali dahintersteckt, will ich Otto heißen!«
»Dafür gibt es ja wohl keinerlei Beweise«, wehrte der Vater ab, »sonst würde es vermutlich in dem Artikel stehen. Die Polizei wird den Täter schon finden.«
Verächtlich lachte Jürgen auf. »Die Polizei? Ich glaub', ich werd' nicht mehr. Die Jungs sind doch blind wie Neugeborene! Klar, wenn mal jemand 'nen Tick zu schnell durch 'ne Ortschaft fährt, stehen sie gleich an sämtlichen Ecken und machen das dicke Moos. Aber bei so was . . . Nee, du, denen muß man den Täter schon auf dem Silbertablett servieren, sonst läuft da nichts.«
Maria Obranowicz hatte mittlerweile damit begonnen, die Brötchen aufzuschneiden. Jetzt legte sie das Messer zur Seite und blickte nachdenklich ihre Tochter an.
Sekundenlang schien sie mit sich zu kämpfen, dann begann sie zögernd: »Ach, Monika, weißt du eigentlich, was die Frau Stein mich eben gefragt hat?«
»Nein, was denn?« gab Monika zurück und beschäftigte sich weiter mit ihrem Frühstück.
Noch einmal überlegte die Mutter, ob sie das Nachbarschaftsgespräch überhaupt wiedergeben sollte.
Bernd Obranowicz unterbrach ihre Gedanken ungeduldig. »Na, nun mach's nicht so spannend!«
»Also, die Frau Stein«, setzte seine Frau unsicher an, »hat mich tatsächlich gefragt, ob unsere Tochter mit ei-

nem dieser Türken gehe. Ha«, fuhr sie erregt fort, »der hab' ich aber die Meinung gesagt! Schließlich stand die Frau Kühn von der dritten Etage dabei, für die das mal wieder ein gefundenes Fressen war! Ich habe nichts auf dich kommen lassen, Monika. Die spinnt doch, oder?«
Monika war abwechselnd rot und blaß geworden. Immerhin kannte sie die Pläne ihrer Eltern und wußte, daß darin für Jungen noch lange kein Platz war. Und wie ihre Reaktion gerade auf einen türkischen Freund sein würde . . . Wer konnte das im voraus sagen?
Sekundenlang überlegte sie hin und her: Alles ableugnen oder lieber gleich die Wahrheit sagen?
Ach, dachte sie dann, ob heute oder morgen – einmal müssen sie es sowieso erfahren.
Also nahm sie allen Mut zusammen und erklärte: »Ich denke auch, daß die Frau Stein spinnt – und sei es nur, weil sie sich in Sachen mischt, die sie überhaupt nichts angehen. Aber das mit dem Freund stimmt.«
Als sie die ungläubigen, entsetzten Gesichter der Eltern sah, fuhr sie hastig fort: »Regt euch mal nicht gleich auf, da ist doch nichts dabei. Es ist alles ganz harmlos. Ich hab' einen Freund – ja und? Schließlich bin ich schon sechzehn, oder? Und Türke . . . Also, der Selim hat zwar noch die türkische Staatsangehörigkeit, aber das will er sobald wie möglich ändern. Er ist kein bißchen anders als wir, das könnt ihr mir glauben.«
»Das darf ja wohl nicht wahr sein!« Klaus stöhnte übertrieben verzweifelt auf. »Meine Schwester! Ausgerechnet meine Schwester ist eine Kanakenbraut!«
Jürgen hakte sofort nach: »Warte mal . . . Selim, ist das etwa der Türkenbengel von Block vierundzwanzig?«

»Hört endlich auf, ihr Kohlköpfe!« fauchte Monika ihre Brüder an. »Erstens bin ich keine Braut, schon gar keine Kanakenbraut, und zweitens ist der Selim kein Türkenbengel. Mit Sicherheit ist er ein wertvollerer Mensch als ihr!« Die letzten Worte hatte sie kaum noch verständlich herausgebracht, weil ihr vor Zorn und Enttäuschung Tränen in den Augen standen. Ganz tief hinten in ihrer Kehle schien ein dicker Kloß zu sitzen, der ihr fast das Atmen unmöglich machte.

»Also doch«, knurrte Jürgen mit verächtlicher Miene. »Aber dafür wird das Schwein büßen, das schwör' ich dir! Der soll uns kennenlernen. Dann überlegt er sich in Zukunft, ob er sich an deutsche Mädchen ranmacht.«

Mit zornig zusammengekniffenen Augen schrie Klaus: »Das dreckige Kanakenpack! Die verdienen sich bei den Stahlwerken dumm und dämlich, und wir armen Hunde müssen jeden Groschen dreimal umdrehen. In unseren Wohnungen haben sie sich breitgemacht, und zu allem Überfluß vergreift sich jetzt einer von denen an meiner Schwester! Eins sag' ich euch: Wenn die auch noch das Wahlrecht kriegen – und manch einer von diesen Weiche-Welle-Politikern hat das ja schon öffentlich gefordert –, haben sie unseren Staat bald ganz eingesackt. Dann sind wir im eigenen Land nur noch Arbeitssklaven.« Die Empörung über die Schmach, die seiner Familie und dem Vaterland da angeblich zugefügt wurde, war ihm deutlich ins Gesicht geschrieben. Wie ein Racheengel hockte er am Frühstückstisch.

»Nun mal ganz ruhig«, schaltete sich der Vater ein. »Mit dieser Angelegenheit habt ihr zwei doch wohl am allerwenigsten zu tun, oder?« Der Blick, den er seinen

Söhnen zuwarf, war eindeutig. »Allerdings, Monika«, fuhr er fort, »muß diese Freundschaft ein Ende haben. Erstens bist du viel zu jung, zweitens mußt du dich voll und ganz auf die Schule konzentrieren, und drittens ist ein Türke nun wirklich das Letzte, was ich mir als Umgang für meine Tochter wünsche.« Bei dieser Vorstellung begann auch er sich allmählich zu erregen. »Es ist wirklich schon schlimm genug, daß hier bei uns die Ausländer den Einheimischen die Arbeitsplätze wegnehmen dürfen. Wenigstens unsere Frauen sollen sie in Ruhe lassen! Hast du eine Ahnung, Monika, wie es bei denen zugeht? Da haben die Frauen doch nichts zu sagen. Wie die Sklavinnen werden die behandelt. Das siehst du schon, wenn so ein Türke mit seiner Frau über die Straße geht: er vorneweg und sie weit dahinter.«
»Sag' ich doch!« fiel Jürgen ihm ins Wort. »Wenn wir die Kakerlaken schon in unserem Land dulden müssen, weil die Regierung hier zu lasch ist, dann sollten sie wenigstens in eigenen Vierteln unter sich bleiben und nur zu ganz bestimmten Arbeiten herangezogen werden! Dann könnten sie keinen Unfug anstellen.«
Während die Männer sich weiterhin erregt über die Lösung der »Türkenfrage« auseinandersetzten – die Mutter war, wie immer bei solchen Streitgesprächen, längst in der Küche verschwunden –, war Monika tränenblind aufgesprungen und hatte das Zimmer verlassen.
Sicher, sie hatte gewußt, daß die Familie irgendwann von Selim erfahren würde. Aber so schnell?
Und mit einer derart bösartigen Reaktion hatte sie auch nicht gerechnet. Sollte Claudia mit ihren düsteren Andeutungen etwa doch recht behalten?

Nein, das alles konnte nur die erste Überraschung sein. So war ihre Familie doch sonst nicht!
Sie mußte jetzt jedenfalls erst einmal hier raus, mußte zu Selim, um sich von ihm trösten zu lassen. Zum Glück hatte er ja Urlaub. Sie würde ihn einfach abholen.
Schon der Gedanke, einige Stunden mit Selim zu verbringen, beruhigte sie wieder. Während im Wohnzimmer die Diskussion immer lauter wurde, ging Monika ins Bad, um sich die Tränenspuren abzuwaschen, und verließ unbemerkt die Wohnung.
Als sie wenig später vor der Wohnungstür der Nurays stand, überfiel sie mit einem Mal doch ein wenig Angst vor ihrer eigenen Courage.
Was Selim wohl denken wird, wenn ich plötzlich vor der Tür stehe? fragte sie sich unsicher. Immerhin weiß ich nicht gerade viel von ihm – von seiner Familie sogar überhaupt nichts. Und wie es einem mit der gehen kann, habe ich ja eben erst am eigenen Leib erfahren.
Da sie nun einmal da war, faßte sie sich ein Herz und klingelte. Gleich darauf spürte sie, wie sie durch den Türspion gemustert wurde. Dann wurde die Tür geöffnet. Ismail Nuray stand vor ihr.
»Ja, bitte?« fragte er, und sein Blick verriet, daß er an einen Irrtum der Besucherin glaubte.
»Guten Tag, Herr Nuray«, entgegnete Monika betont unbefangen. »Ich würde gern Selim abholen.«
Ismail Nurays Gesicht war ein einziges Fragezeichen. »Selim, so, so«, wunderte er sich. »Bist du . . . eh, sind Sie eine Arbeitskollegin von ihm?« wollte er dann wissen. Dabei wußte er im selben Augenblick, daß das gar nicht möglich war, denn die Jungen und Mädchen aus

der Lehrwerkstatt in den Stahlwerken kannte er zumindest vom Sehen.
Jetzt bloß nicht unterkriegen lassen, sprach Monika sich selbst Mut zu. Dennoch konnte sie ein Zittern in der Stimme nicht ganz unterdrücken, als sie erwiderte: »Nein, Herr Nuray, das nicht. Wissen Sie, ich bin die Monika Obranowicz und wohne zwei Häuser weiter. Selim und ich – also, wir beide – ja, nun . . .«
Sie hatte sich endgültig festgefahren. Blutrot angelaufen war ihr Gesicht, und ihre Finger wußten nicht so recht, womit sie sich beschäftigen sollten.
Ismail Nuray betrachtete die verlegene Monika mit hochgezogenen Augenbrauen von oben bis unten. Dann stieß er ein verächtliches Lachen hervor und meinte: »Ach, so eine sind Sie. Ich verstehe! Na, dann warten Sie mal.« Nach einem weiteren geringschätzigen Blick auf das Mädchen schloß er mit Nachdruck die Wohnungstür hinter sich.
Monika stand wie vor den Kopf geschlagen vor der Tür. Sie verstand die Welt nicht mehr. Was mochte Selims Vater bloß gemeint haben? Er war ärgerlich darüber, daß sie seinen Sohn abholen wollte – aber warum denn nur?
Irgendwo hatte sie einmal gelesen, daß die Türken einen besonders stengen Ehrenkodex haben. Ob Herrn Nurays merkwürdiges Verhalten damit etwas zu tun hatte?
Hinter der geschlossenen Tür war erregtes Stimmengemurmel zu hören, das immer lauter wurde. Offensichtlich stritten Vater und Sohn miteinander. Monika glaubte zu erkennen, daß Herr Nuray türkisch sprach, während Selim deutsch redete.

Nach ihrem Empfinden war eine kleine Ewigkeit verstrichen, als die Tür aufgerissen wurde. Mit wütendem Gesicht stürzte Selim aus der Wohnung, knallte die Tür hinter sich ins Schloß und rief: »Komm!«
Hastig griff er nach ihrer Hand und zog Monika fast gewaltsam hinter sich her zum Treppenhaus. Trotz ihrer Verwirrung bemerkte Monika diesmal die verschmierte Wand im Erdgeschoß, und dabei stieg ihr ein schlechter Geschmack in den Mund.
Während sie mit Selim Hand in Hand durch die Anlagen der Siedlung und anschließend durch die Innenstadt lief, berichtete er zornerfüllt, was er mit dem Vater erlebt hatte. »Weißt du«, grollte er, »ich habe immer gedacht, mein alter Herr wäre inzwischen auch fast wie ein Deutscher geworden. Heute durfte ich erfahren, daß er innerlich noch voll und ganz in der Türkei lebt. Er hat mehr Vorurteile als mancher Deutsche. Wenn du wüßtest, was er von dir hält . . .«
»Nun beruhige dich«, wollte Monika ihn besänftigen. »Dein Vater hat sich bestimmt im ersten Augenblick so aufgeregt. Das wird sich wieder legen.«
»Hast du eine Ahnung!« Selim lachte bitter. »Kannst du dir eigentlich vorstellen, daß ich verlobt bin? Da staunst du, was? Mein Vater hat nämlich schon vor fünfzehn Jahren mit irgendeinem alten Freund ausgemacht, daß ich später einmal dessen Tochter heiraten werde. Dabei kenne ich das Mädchen nicht einmal. Sie lebt mit ihrer Familie in der Türkei. So sieht das aus! Eine Abmachung unter Freunden, über meinen Kopf hinweg.«
Er holte tief Luft, bevor er böse fortfuhr: »Aber ich denke ja gar nicht daran! Was habe ich denn mit den über-

kommenen Traditionen zu tun? Ich bin Deutscher – oder zumindest fühle ich mich so –, und meine spätere Ehefrau suche ich mir ganz allein aus.«

Damit verstummte er und sah Monika zärtlich an. Sie wurde unter seinem vielsagenden Blick richtig verlegen. Ein unbekanntes, wohltuend warmes Gefühl stieg in ihr auf und nahm ihren ganzen Körper in Besitz. Sagen konnte sie in diesem Augenblick nichts, darum gab sie Selim einen Kuß, mit dem sie alles ausdrückte.

Engumschlungen bummelten die beiden durch die Innenstadt und betraten das eine oder andere Geschäft. Als sie sich später in ein Eiscafé setzten, um einen großen Kiwieisbecher zu essen, hatten sie all das Unangenehme, das sie in den letzten Stunden erfahren hatten, zur Seite geschoben. Ein tiefes Glücksgefühl breitete sich in ihnen aus. Ein Gefühl, das Sehnsucht und Schmerz, Geben- und Nehmenwollen zugleich war.

Nachdem sie den Eisbecher leergelöffelt hatten, beschlossen sie, in das Jugendheim an der Kornstraße zu gehen. Auch an diesem Tag waren dort einige Jungen und Mädchen aus der Clique versammelt, und heute war es nicht nur Monika, die freudig begrüßt wurde. Selim zählte jetzt dazu. Fast vorwurfsvoll wurde er von den anderen gefragt, warum er seine beiden Schwestern noch immer nicht mitgebracht habe.

Hier vergaßen die beiden bei gemeinsamen Spielen und Gesprächen endgültig alle Probleme, mit denen sie sich auseinanderzusetzen hatten. Alles schien ganz natürlich zu sein – vor allem ihre Freundschaft. Hier durften sie unbeschwert glücklich sein.

Achtes Kapitel

Die Zeit verging. Für Monika hatte inzwischen die Schule wieder begonnen, und auch Selims Urlaub war vorüber, so daß er den ganzen Tag in der Lehrwerkstatt verbringen mußte. Nur abends und am Wochenende konnten die beiden sich noch treffen.
Allerdings mußten sie sich auch dann jede einzelne Stunde stehlen, denn sowohl Monikas wie auch Selims Vater ließen nichts unversucht, um die Beziehung der beiden jungen Leute, die sie für unnatürlich hielten, durch Strafen, strikte Verbote, sorgfältiges Beobachten und andere Maßnahmen zu unterbinden.
Je größer der Druck wurde, dem die beiden ausgesetzt waren, desto erfindungsreicher wurden sie, wenn es darum ging, sich doch immer wieder die eine oder andere gemeinsame Stunde zu erschleichen.
Mal war es bei Monika irgendeine unbekannte Freundin, mit der sie angeblich eine Klassenarbeit vorbereiten wollte, dann war es bei Selim ein Buch, das er für die Berufsschule brauchte und das er sich aus der Bibliothek entleihen mußte. Hier war es eine Theaterarbeitsgemeinschaft, dort ein Straßenfußballspiel.
Stets fanden Monika und Selim neue Möglichkeiten, sich irgendwo zu treffen. Und war die Verbindung zwischen ihnen anfangs noch oberflächlich und vom Reiz des Unbekannten, vom heftigen, aber unüberlegten Gefühl der ersten Verliebtheit bestimmt, so wurde durch die ständigen Kämpfe um den anderen bald eine tiefe, echte Liebe daraus, die nichts für sich selbst fordern, sondern alles für den anderen geben wollte.

Mochte zu Beginn ihr Verhalten noch eine reine Trotzreaktion gewesen sein – jetzt spürten sie immer deutlicher, daß sie an den Schwierigkeiten reiften, die ihnen von allen Seiten drohten. Über ihr Alter hinaus wurden sie in all den Auseinandersetzungen erwachsen.
Dabei war die Situation für Monika etwas einfacher als für Selim. Zwar hatte sie manches Wortgefecht mit ihren Brüdern zu bestehen, aber Schlimmeres hatte der Vater bisher noch immer verhindern können.
Wenn es ihr doch nur gelänge, dem Vater klarzumachen, daß ihre Freundschaft mit Selim keinerlei Einfluß auf ihre Zukunft hatte! Inzwischen war sie ja sogar bereit, sich den Plänen des Vaters für ihren Berufsweg unterzuordnen. Und in der Schule lief im Moment auch alles besser als zuvor – das mußte er doch sehen!
Ja, und wenn sie ihre Eltern dann noch davon überzeugen könnte, daß die Siedlung keineswegs der Nabel der Welt und die Meinung der Leute hier für das Weltgeschehen wirklich nicht von Bedeutung war – dann müßte sie wenigstens in ihrer Familie Entspannung und Verständnis erreichen können. Und das wäre immerhin ein guter Anfang!
Bei Selim hingegen schien die Situation viel hoffnungsloser zu sein. Daß sein Sohn eine deutsche Freundin hatte, zu der sich eine feste Beziehung anbahnte, hatte Ismail Nuray tagelang verzweifelt grübeln lassen. Was hatte er falsch gemacht in all den Jahren? Hatte er nicht immer nur für seine Familie gearbeitet und gespart, damit sie es einmal in der Türkei besser haben sollte?
Wie so oft in den vergangenen zwanzig Jahren mußte er wieder einmal die bittere Erfahrung machen, daß all sei-

ne Zukunftspläne auf Treibsand gegründet waren. Selim, sein Ältester, sein Stammhalter, hatte sich längst von allen Traditionen der Heimat gelöst, war eher zu einem Deutschen als zu einem Türken herangewachsen. Kann man, so fragte sich Ismail Nuray in diesen Tagen immer wieder, seine Herkunft, die über Generationen gesammelten Erfahrungen, Kultur und Glauben in einem einzigen Lebensabschnitt einfach abstreifen wie eine alte Haut, nur weil man in einem fremden Umfeld aufwächst? Bleibt man nicht das, was man seinen Wurzeln nach gewesen ist – der Deutsche ein Deutscher und der Türke ein Türke, zumindest im Innersten und unabhängig von den Erfahrungen des Augenblicks? Was aber war seine Pflicht, wenn die Familie in die Irre zu gehen drohte? Mußte er nicht mit allen Mitteln für eine baldige Rückkehr in den angestammten Kulturkreis sorgen? Jetzt, sofort – noch ehe die verführerische fremde Umwelt zu stark wirkte?
Schließlich waren da auch die Mädchen! Bestand bei ihnen nicht die Gefahr, daß sie, genau wie Selim, eigene Wege, unerlaubte Wege gingen? Wenn sie sich womöglich ebenfalls . . . Nicht auszudenken!
Mit solchen Überlegungen quälte sich Ismail Nuray derart, daß er hart und ungerecht zu werden begann. Nur deshalb und vielleicht aus der Sorge um die Zukunft des Sohnes heraus, der nicht mehr zu wissen schien, wohin er gehörte, war es verständlich, daß er Selim sogar schlug, wenn der sich wieder einmal mit Monika getroffen hatte und sein Vater dahintergekommen war.
Irgendwann stand für Ismail Nuray fest, daß es so nicht weitergehen konnte. Er glaubte inzwischen zu wissen,

was er falsch gemacht hatte: Nur dem Geld war er nachgejagt, Anerkennung in der Heimat und gesicherten Wohlstand hatte er sich erkaufen wollen, und darüber war rings um ihn herum alles in Scherben gegangen. Hatte er nicht Tradition und Glauben, Werte, die er früher für die wichtigsten gehalten hatte, dem angenehmen Leben geopfert? Und war es nicht falscher Stolz gewesen, der ihn veranlaßt hatte, seine Kinder auf die hier übliche Art aufwachsen zu lassen?

Aber noch war es nicht endgültig zu spät. Noch konnte er der verhängnisvollen Entwicklung Einhalt gebieten. Er, Ismail Nuray, würde nicht zulassen, daß seine Familie die innere Heimat verlor. Wie sollte sonst dereinst über ihn und den Wert seines Lebens gerichtet werden?

Aus diesen Gedanken und Befürchtungen heraus überraschte er seine Familie eines Tages mit der Mitteilung, daß er kurzfristig alles in die Wege leiten werde, um eine alsbaldige Rückkehr in die Heimat zu ermöglichen.

Während Yüksel Nuray nach dieser Nachricht glücklich wie nie zuvor war, fühlten sich die beiden Mädchen und Selim wie vor den Kopf geschlagen. Noch entsetzter waren sie, als der Vater seine Vorbereitungen tatsächlich umgehend in Angriff nahm.

Waren die Mädchen auf Grund ihrer Erziehung trotz allem bereit, den Willen das Vaters als unabänderlich hinzunehmen, so überlegte Selim bereits, wie er sich dem drohenden Unheil entziehen könnte. An Flucht und Verstecken dachte er, an Briefe, die er irgendwelchen Organisationen oder Abgeordneten schicken wollte — ja, sogar Selbstmord spielte in seinen Überlegungen eine Rolle. Aber zunächst wollte er die weitere Entwicklung

abwarten. Über Nacht konnte Ismail Nuray nicht alles aufgeben.
Es waren nicht nur die innerfamiliären Spannungen, die das Leben der Nurays in letzter Zeit beeinträchtigt hatten. Auch in der Siedlung war die Stimmung endgültig gegen die Türken im allgemeinen und besonders gegen die Aydens und die Nurays gerichtet.
Wahrscheinlich war bei den meisten Bewohnern unter einer dünnen Schicht gesellschaftlicher Konventionen schon immer unbewußt eine gewisse Feindseligkeit gegen alles Neue, alles Andersartige vorhanden gewesen. Früher hatte sich die unterdrückte Feindseligkeit auf böse Witze, spöttische Bemerkungen oder die Weitergabe aufgeschnappter Vorurteile beschränkt. Das Ehepaar Stein war es gewesen, das in seiner Verzweiflung ungewollt die schlimme Entwicklung in Gang gebracht hatte. Dann aber waren die Brüder Obranowicz ins Spiel gekommen. Durch deren gezielte Hetzkampagne, die fast überall auf bereitwillig offene Ohren traf, wurde mit einem Mal die Familie Nuray zum Zielpunkt aller Angriffe. Die Nurays waren es jetzt, die sich in der Siedlung breitgemacht hatten. Die Nurays waren es, die die Leute nachts nicht schlafen ließen. Die Nurays waren für die hohe Arbeitslosigkeit verantwortlich. Und ein Nuray schließlich war es, der die Frechheit besaß, einem deutschen Mädchen nachzusteigen.
Tatsächlich waren es wohl nur einige vereinzelte Mieter, die sich durch die Probleme der Steins und durch die anschließenden Hetzereien der Brüder Obranowicz dazu verleiten ließen, ihren Gefühlen gegen die fremden Eindringlinge freien Lauf zu lassen. Aber die

wenigen traten mit einem Lärm auf, als wären sie berechtigt, für die ganze Siedlung zu sprechen.
Bald waren sämtliche Wände im Block 24 mit Parolen wie »Ata – verrecke!«, »Deutschland den Deutschen«, »Nur ein toter Ata ist ein guter Ata« und ähnlichem besprüht.
Fatma und Emine gingen seither jeden Morgen unsicher und angsterfüllt in die Schule. Stets mußten sie damit rechnen, in einen Müllcontainer gesteckt oder mit Unrat beworfen zu werden. Daß sie ständig gehänselt wurden und daß man Dinge, die ihnen gehörten, versteckte oder zerstörte, war noch das Harmlosere. Und alles geschah unter den Augen der hilflos zusehenden Lehrkräfte, die dieser geballten Ladung an Aggression nicht viel entgegenzusetzen hatten.
Yüksel Nuray behielt anfangs noch ihr gleichbleibendes Lächeln, wenn sie in den Geschäften der näheren Umgebung grundsätzlich als allerletzte und dann mit den schlechtesten Waren bedient wurde. Sie lächelte auch, wenn irgendein Nachbar zufällig ihren Eimer umstieß, als sie dabei war, das Treppenhaus zu putzen. Nicht mehr lächelnd, aber immer noch schweigend nahm sie es hin, daß Unbekannte immer wieder übelriechenden Fisch und einmal sogar eine verwesende Katze vor ihre Wohnungstür legten.
Wirklich erschüttert, bis ins Innerste, war sie jedoch, als sie eines Nachmittags von spielenden Kindern mit kleinen Steinchen beworfen und dabei am Kopf getroffen wurde. Viele Menschen hatten in der Nähe gestanden und hastig zur Seite geblickt. Selbst die, die mit der Türkenhetze, die sich in letzter Zeit in der Siedlung

breitmachte, nicht einverstanden waren, hatten geschwiegen. Schließlich mußten sie in erster Linie mit ihren deutschen Nachbarn auskommen, denn die waren in der Überzahl.
Am wenigsten von all diesen Vorfällen bekamen die beiden Männer, Ismail und Selim, mit. Der Vater arbeitete meistens während der Nacht, und wenn er frühmorgens nach Hause kam und müde ins Bett fiel, verließ Selim die Wohnung, um in die Lehrwerkstatt zu fahren.
Nach den Steinwürfen konnte Yüksel Nuray ihre Kränkung und auch die Angst, die mit jedem Tag in ihr wuchs, nicht länger für sich behalten. Sie erzählte ihrem Mann von den Ereignissen, der auf der Stelle zur Polizeistation ging, um Anzeige zu erstatten.
Zu seiner größten Enttäuschung wurde er dort äußerst kühl behandelt und darauf hingewiesen, daß die Polizei ohne Beweise und Zeugen gar nichts unternehmen könne. Im übrigen wurde ihm nahegelegt, sich in einer rein deutschen Umgebung dem Verhalten seiner Nachbarn anzupassen; dadurch würden solche Vorfälle ganz von allein vermieden.
Dieses Erlebnis, wie überhaupt die ganze Entwicklung um ihn herum, festigte in Ismail Nuray noch die Überzeugung, so schnell wie möglich in die Türkei heimkehren zu müssen, zur Not eben ohne Vermögen.
Ein kleiner Lichtblick hatte Monika, Selim und seinen beiden Schwestern in den vergangenen Tagen das Leben ein bißchen erleichtert: Im Jugendheim an der Kornstraße sollte eine Disko veranstaltet werden.
Tagelang hatten die vier sich darauf gefreut. Dieses eine Mal nur wollten sie ihre Probleme zur Seite schieben,

die Enttäuschungen der vergangenen Wochen kurzfristig vergessen.
Ebenso wie Monika und Selim hatten auch Fatma und Emine längst eine Ausrede erfunden, mit der sie sich für einige Stunden von zu Hause wegstehlen konnten. Die beiden Mädchen waren vor einiger Zeit, problemlos wie Selim, von der Clique im Jugendheim aufgenommen worden und gehörten seitdem dazu. Warum, hatten sie sich mehr als einmal gefragt, kann es nicht überall so sein wie bei diesen Jugendlichen, für die lediglich zählt, wie einer ist, aber nicht, was oder woher er ist?
Und dann war er da, der lang herbeigesehnte Abend. Um niemandem zu begegnen, der sie hätte verraten können, hatten sie sich gegen sechs Uhr getroffen. Gemeinsam waren sie zum Jugendheim gegangen, wo die Disko bereits seit fünf Uhr im Gange war. Gleich bei ihrer Ankunft wurden sie von einer heiteren, gelösten Stimmung erfaßt.
Stunde um Stunde ließen sie sich von der Musik umspülen, tobten sich auf der Tanzfläche aus, genossen das selbstverständliche Gespräch mit den anderen Jugendlichen, das sorglose Beisammensein. Sie tanzten, lachten, redeten, und es fiel ihnen schwer, das Jugendheim wie verabredet um elf Uhr zu verlassen. Immerhin sollte die Disko noch eine gute Stunde fortdauern – ohne sie. Die vier mußten nach Hause. Draußen war es längst dunkel geworden. Trotzdem waren hier, in der Innenstadt, noch beachtlich viele Menschen auf den Straßen unterwegs. Der warme Juniabend und das beginnende Wochenende hatten sie zu einem späten Spaziergang oder einem Gaststättenbesuch angeregt.

Je weiter die vier aus dem Stadtkern herauskamen, desto stiller und einsamer wurde es um sie herum. Dann hatten sie den großen Parkplatz vor dem Bahnübergang erreicht, jetzt war es nur noch ein kleines Stück bis zur Siedlung.

In diesem Moment hörte Selim weit hinter sich das gleichmäßige Klappern eisenbeschlagener Schuhe. Erschrocken drehte er sich um. Da beschleunigten sich die Schritte. Schemenhaft erkannte Selim, daß es sich um acht junge Männer handelte, die um die zwanzig Jahre alt sein mochten. Ihm fiel auf, daß alle acht die Köpfe kahl geschoren hatten. Wie Uniformen trugen sie ihre Jeans und Lederjacken, die über und über mit glitzernden Nieten versehen waren. Dazu waren sie mit allen möglichen Orden und Abzeichen behängt.

Mit einem Mal blitzten Fahrradketten auf und beschrieben sirrende Kreise in der Luft. Die Mädchen schrien entsetzt. Schon waren einige der Männer bei ihnen, stürzten sich auf sie und warfen sie zu Boden. Jedes der Mädchen wurde mit einem Tuch geknebelt.

Gleichzeitig hatten sich drei Männer auf Selim geworfen. Mit Ketten und Fäusten schlugen sie auf ihn ein. Seine Kleidung zerriß knirschend, Blut lief ihm aus Mund und Nase. Selim stürzte zu Boden.

Unterdrückt rief einer der schwer atmenden Angreifer: »Was ist, Killer – wird die Blonde geschoren?«

Der Angesprochene, offenbar der Anführer der Bande, knurrte zurück: »Idiot, die doch nicht. Kümmert euch lieber um die beiden Kanakenweiber!« Mit schmierig-heiserem Gelächter fügte er hinzu: »Die sollen mal erleben, wie das bei richtigen deutschen Männern ist!«

Halb bewußtlos lag Selim auf dem Boden. Er fühlte sich wie gelähmt. Eher im Unterbewußtsein hörte er das heisere, erregte Gelächter der Männer. Und ebenfalls eher unbewußt bemerkte er, wie am oberen Ende der Straße Scheinwerferlicht langsam näher kam.
»Verdammt – ein Auto!« brüllte jemand.
»Na und?« rief ein anderer zurück. »Der soll bloß kommen – der kann sofort auch was in die Fresse kriegen! Los jetzt, kümmert euch nicht um den Spießer – beschäftigt euch mit den Ataweibern.«
»Mensch!« schrie wieder die Stimme von vorhin. »Das sind die Bullen! Los, weg hier!«
Im selben Augenblick hatte sich der Spuk gleichsam im Nichts aufgelöst. Mit wenigen Sprüngen waren die acht Männer in der Dunkelheit verschwunden.
Das Scheinwerferlicht hatte jetzt den Parkplatz erreicht. Selim erkannte, daß es sich tatsächlich um einen Streifenwagen handelte, dessen Besatzung die vier Jugendlichen, die neben einem abgestellten Fahrzeug auf dem Boden lagen, gar nicht wahrnahm. Langsam rollte der Wagen weiter und verschwand in der Nacht. Kreuz und quer waren die Gedanken durch Selims Kopf gejagt. Sollte er sich den Polizisten bemerkbar machen? Mußte er nicht Anzeige erstatten – und sei es nur, um andere Jugendliche vor ähnlichen Überfällen zu schützen?
Dann aber dachte er an das Erlebnis seines Vaters auf der Polizeistation und daran, daß seine Schwestern sich ganz bestimmt sehr schämen würden. Schließlich hatten sie durch die Erziehung der Mutter genug vom Ehrenkodex türkischer Mädchen und Frauen in sich aufgenommen, um sich an dem eben Vorgefallenen wenigstens zum

Teil schuldig zu fühlen. Als anständige junge Mädchen hätten sie um diese Zeit längst in ihren Betten liegen müssen. Außerdem, dachte Selim, ist ja zum Glück nichts Ernstes geschehen – wozu also Polizei?
Mühselig erhob er sich und wankte zu den Mädchen hinüber, die sich inzwischen ihrer Knebel entledigt hatten und leise vor sich hin schluchzten. Mit einem hastigen Blick überzeugte er sich davon, daß die drei bis auf ein paar Schrammen körperlich unversehrt waren. Lediglich ihre Kleidung war schmutzig und beschädigt.
»Kommt«, drängte er mit leiser Stimme, »wir müssen hier weg. Wer weiß, ob die nicht wiederkommen!«
Die vier faßten sich an den Händen. Tränenblind liefen sie, so schnell sie nur konnten, der Siedlung entgegen. Dabei hämmerten in Monikas Kopf immer wieder dieselben Satzfetzen: Glatzen . . . Killer . . . Abzeichen . . . Was hatte Claudia damals über die Glatzebande und Killer-Karl erzählt? Sollten nicht Jürgen und Klaus dazugehören? O Mann – hoffentlich hatten die beiden nichts damit zu tun!
Vorsichtig, weil sie sich wegen ihres Aussehens schämten und niemandem einen Anlaß für neue, gehässige Bemerkungen geben wollten, schlichen die vier durch die Anlagen der Siedlung. Ein verzweifelter, liebevoller Kuß, ein Händedruck, noch ein kurzes Winken – schon war Monika in ihrem Eingang verschwunden.
Bald darauf standen auch Selim und seine Schwestern vor ihrer Wohnungstür. Leise, um den Vater nicht zu wecken, der am nächsten Tag Frühschicht hatte, wollte Selim die Tür aufschließen. Aber Ismail Nuray hatte schon seit Stunden dahinter gewartet.

Immer größer war während der langen Wartezeit seine Sorge um die Kinder, insbesondere um die beiden Mädchen, geworden. Immer größer sein Schmerz über alles, was er durch seine Geldgier verspielt zu haben glaubte. Als er jetzt die zerzausten Haare und die verschmutzte Kleidung sah, als ihm das Verhalten der drei ein sehr schlechtes Gewissen anzeigte, da zerbrach endgültig etwas in ihm. Er konnte nur noch wahrnehmen, daß seine Kinder an diesem Tag den Höhepunkt des Ehrverlustes erlebt haben mußten.
Ismail Nuray wußte nicht mehr, was er tat. Blind vor Zorn und Enttäuschung schlug er auf Selim und die Mädchen ein. Kein Wort verstand er von dem, was Selim ihm verzweifelt schluchzend klarzumachen versuchte. Und das, was er hörte, wollte er nicht glauben. Zu viel war in letzter Zeit in ihm kaputtgegangen.
Erst als in Selims Zimmer der kleine Hakma laut zu schreien begann und Yüksel Nuray schlaftrunken und ohne zu verstehen, was hier vorging, in der Schlafzimmertür auftauchte, ließ der Vater erschöpft von seinen Kindern ab. Die Mutter fragte nicht viel. Sie beruhigte den kleinen Hakma und zog sich wortlos ins Schlafzimmer zurück. Als sie jedoch im Vorübergehen Ehemann und Kinder mit einem kurzen, vorwurfsvollen Blick streifte, war in ihren müden, dunklen Augen ein Ausdruck schmerzhafter Hoffnungslosigkeit zu erkennen.
Die drei jungen Leute wankten, innerlich wie äußerlich zerschlagen und völlig am Ende ihrer Kräfte, in ihre Betten. Noch lange weinten sie leise vor sich hin, bis sie endlich einen unruhigen, von quälenden Träumen immer wieder unterbrochenen Schlaf fanden.

Zu dieser Zeit hockte Ismail Nuray wie ein Häuflein Elend in einem Sessel der neuangeschafften Wohnzimmereinrichtung. Nur ganz am Rande wurde ihm bewußt, daß er heute zum erstenmal in zwanzig Jahren eine Schicht versäumen würde, ohne ernsthaft krank zu sein. Na und – was soll das alles überhaupt noch? dachte er gleichgültig. Mit bleischweren Gliedern erhob er sich, ging an den Schrank und nahm eine Flasche Raki heraus, die eigentlich seinen gelegentlichen türkischen Besuchern vorbehalten sein sollte.
Als er dann wieder im Sessel saß und – mechanisch wie ein Roboter – Glas um Glas von dem Rosinenbranntwein in sich hineinschüttete, zog sein ganzes Leben kaleidoskopartig an seinen blicklos starrenden Augen vorüber. Da legte er seinen Kopf auf den Arm und weinte.

Neuntes Kapitel

Während bei den Nurays das Wochenende eher gefährlich ruhig verlief, weil die Familienmitglieder – sofern sie sich nicht ohnehin ganz in ihre Schneckenhäuser zurückgezogen hatten – mit gesenkten Köpfen und verbitterten Gesichtern schweigend aneinander vorbeigingen, begann der Samstag bei der Familie Obranowicz gleich mit einer Explosion.
Am Vorabend hatte Monika nach ihrer Heimkehr stundenlang wachgelegen und sich immer wieder gefragt, ob sie den Eltern von dem Überfall berichten sollte. Alle Möglichkeiten hatte sie dabei durchgespielt und war schließlich zu dem Ergebnis gekommen, daß sie die El-

tern mit einer Art Schocktherapie am ehesten zum Nachdenken und Einlenken bringen konnte. An der eigenen Tochter zu erfahren, wohin Vorurteile und feindselige Stimmung führen konnten, das mußte sie einfach umstimmen.

So platzte Monika dann am frühen Samstagmorgen mit ihrem erschreckenden Bericht in die friedliche Atmosphäre des Familienfrühstücks. In knappen Sätzen erzählte sie, mit welcher Kaltschnäuzigkeit sie von den jungen Männern überfallen worden waren.

Jürgen und Klaus nahmen ihre Schilderungen scheinbar uninteressiert zur Kenntnis und starrten nur ausdruckslos vor sich hin. Den Eltern war das Entsetzen dafür um so deutlicher anzusehen.

»Da! Da haben wir es!« Bernd Obranowicz war außer sich. »Das kommt davon, daß du dich mit diesem Türken abgibst. In Teufels Küche gerätst du dadurch!«

Seine Frau jammerte: »Ach, Monika, Kind! Wann wirst du endlich auf uns hören – wir meinen es doch nur gut mit dir. Laß die Finger von dem Türken! Wenn du schon einen Freund haben mußt – warum suchst du dir nicht einen anständigen deutschen? Diese Türken sind einfach anders als wir. Das weiß man doch, und niemand kann es ändern. Deshalb . . . Ja, widersprich mir nicht! Deshalb passieren dann solche Sachen.«

Erschöpft sank sie nach dieser für ihre Verhältnisse langen Rede in sich zusammen und schluchzte einmal laut auf. Ihr Mann legte besänftigend seine Hand auf ihren Arm.

»Da siehst du, was du angerichtet hast«, wandte er sich dann zornig an Monika. »Hundertmal habe ich es dir im guten gepredigt, Verbote habe ich ausgesprochen und dich bestraft. Und was machst du? Genau das Gegenteil von dem, was man dir sagt, worum man dich bittet. Siehst du endlich ein, daß dieser Türkenbengel ein Unglück für dich und uns alle ist?«

Monika war wie vor den Kopf geschlagen. Auf Liebe und Verständnis hatte sie gehofft – und dann diese Reaktion. Hätte sie doch bloß geschwiegen! Jetzt war es wieder Selim, waren es wieder die Türken, die an allem Schuld hatten. Ja, waren ihre Eltern denn mit einem Mal blind geworden? Konnten sie nur deswegen, weil das »Türkenproblem« sie plötzlich selbst betraf, nicht mehr über den Schatten ihrer Ängste und Vorurteile hinwegspringen? Als sie das hämische Grinsen ihrer Brüder sah, entluden sich Monikas ganze Wut und ihre Enttäuschung in einem Angriff auf die beiden.

»Ihr braucht gar nicht zu grinsen«, fuhr sie die Brüder an. »Bei der Sache gestern habt ihr doch wohl die Finger im Spiel gehabt!«

Jürgen und Klaus, die auch an diesem Morgen wieder das Gefühl hatten, den Alkohol vom Vorabend in jeder Haarspitze rauschen zu hören, blickten sich mit hochgezogenen Augenbrauen betont harmlos an.

»Wir?« fragte Klaus scheinheilig. »Aber, aber, Schwesterlein – was kommt dir in den Sinn?«

»Das weißt du ganz genau, du miese Ratte!« schrie Monika unbeherrscht. Während die Mutter, immer noch schluchzend, das Wohnzimmer verließ, blickte Bernd Obranowicz fragend von einem zum anderen. Er beschloß, die Auseinandersetzung ihren Lauf nehmen zu lassen. Da schien sich etwas Größeres anzubahnen.

Monika ließ sich von dem harmlosen Gehabe der Brüder nicht beeindrucken. »Von dem Überfall auf Selim, seine Schwestern und mich rede ich. Eure lieben Freunde, die trotz ihrer Glatzen Leute mit Linksscheitel und kleinen Schnurrbärtchen verehren, hätten uns alle umbringen können. Wer weiß, was sie mit uns gemacht hätten, wenn der Streifenwagen nicht gekommen wäre!«
»Nicht doch«, beteuerte Jürgen mit falschem Unterton in der Stimme. »Dir hätte keiner was getan.«
»Da haben wir's!« rief Monika fast schon hysterisch. »Hast du das gehört, Vati? Das war doch wohl ein Geständnis!«
»Nun mal langsam«, schaltete sich Bernd Obranowicz ein. Sein Gesicht war sehr ernst geworden. »Also, ihr zwei Galgenstricke. Habt ihr mit der häßlichen Sache etwas zu tun, ja oder nein?«
Die beiden blickten sich kurz an. Hier herrschte dicke Luft, da hieß es, vorsichtig zu sein. Offensichtlich hatten sie sich trotz der vereinbarten Zurückhaltung schon ein Stück zu weit vorgewagt.
»Mensch, Vater. Was hältst du eigentlich von uns?« wollte Jürgen mit unschuldigem Gesicht wissen.
»Wenn ich euch das sage, riskiere ich eine Beleidigungsklage. Ihr habt meine Frage noch nicht beantwortet!«
Bernd Obranowicz war sehr bestimmt. Unnachgiebig blickte er seine Söhne an, die unter seinem harten, verächtlichen Blick immer nervöser wurden.
Wieder war es Jürgen, der ruhigere der beiden Brüder, der einzulenken versuchte. »Na ja. Kann ja sein, daß die Glatzen die vier überfallen haben. Aber ehrlich«, fügte er hastig hinzu, als das Gesicht des Vaters von einer fin-

steren Wolke überzogen wurde, »wir zwei haben damit nichts zu tun! Weißt du, wir haben ganz harmlos in der Kneipe herumgesessen und ein oder zwei Bierchen getrunken – na, es wurde später und später, und . . .«
»Du brauchst mir keinen ausführlichen Bericht von euren Trinkgelagen zu geben. Die kann ich mir besser vorstellen, als mir lieb sein kann. Ich will nur klipp und klar wissen, ob ihr auf irgendeine Weise . . .«
»Hand aufs Herz, Vater«, unterbrach ihn Klaus. Dabei machte er ein Gesicht wie jemand, der durch einen Justizirrtum zwanzig Jahre unschuldig im Gefängnis gesessen hat. »Ich will tot umfallen, wenn wir . . .«
»Dann halt dich mal gut fest«, schnitt ihm der Vater das Wort ab. Müde beschloß er, das Thema zu beenden. »Ich kann euch nichts beweisen. Aber wenn ich dahinterkomme . . . Also, ich würde nicht die geringste Rücksicht darauf nehmen, daß ihr meine Söhne seid!«
Während die beiden jungen Männer wie begossene Pudel das Zimmer verließen, jagten sich in Monikas Kopf die Gedanken. Gut, ihr Versuch, bei den Eltern Verständnis und Zustimmung zu finden, war danebengegangen. Aber inzwischen schien der Vater in einer ganz anderen Stimmung zu sein. Vielleicht konnte sie jetzt etwas erreichen. Vorsichtig begann sie: »Siehst du, Vati, Klaus und Jürgen haben praktisch zugegeben, daß diese Glatzebande mit dem Überfall zu tun hatte.«
»Ja«, räumte der Vater ein, »und ich überlege die ganze Zeit, ob man nicht die Polizei einschalten müßte. Ich meine, so etwas kann sich jederzeit wiederholen.«
»Polizei? Na, ich weiß nicht«, meinte Monika langsam. »Sieh mal, das ging alles so schnell. Identifizieren könn-

ten wir sowieso keinen von denen. Und wer weiß, was kriminelle Typen wie die unternehmen, wenn sie angezeigt werden? Wenn bei einem von ihnen jetzt die Polizei auftaucht und Fragen stellt, können sie sich wohl denken, wer dahintersteckt.«

»Vielleicht hast du recht. Weißt du, Monika, ich habe mich bisher nicht viel dafür interessiert, und ich bin auch alles andere als ein gewalttätiger Mensch . . .« Er lächelte ein bißchen verlegen, weil ihm nicht auf Anhieb die richtigen Worte einfielen. »Also, ich wollte sagen, daß die vielleicht auch nicht nur unrecht haben. Die meisten von uns wollen doch nichts weiter, als ihr bescheidenes Leben in Ruhe und Sicherheit zu genießen. Und seit die Türken sich hier immer mehr ausbreiten, geht das offenbar nicht mehr.«

»Vielleicht . . .«, wollte Monika unterbrechen.

Der Vater hob die Hand. »Warte. Einen Moment! Nimm nur mal die nächste Umgebung, diese Siedlung hier. Du weißt doch bestimmt, was die Eheleute Stein mit diesen Aydens mitmachen, oder? Und die Steins, das sind ganz harmlose, friedliebende alte Leute. Trotzdem werden sie durch das fremdartige Verhalten der Aydens geradezu in die Verzweiflung getrieben.«

Bei den letzten Worten war die Mutter an den Tisch zurückgekehrt. Jetzt schaltete sie sich in das Gespräch ein. »Na, und was wir seit einigen Wochen mitmachen, ist auch nicht gerade eine Erholungskur.«

Ohne auf die Bemerkung einzugehen, die ja eindeutig gegen sie gerichtet war, wandte Monika sich wieder an den Vater. »Sicher, Vati, die Sache mit Steins, also, da braucht man wohl nicht lange über Recht oder

Unrecht zu diskutieren. Die Aydens verhalten sich falsch und rücksichtslos, zugegeben. Aber es gibt doch genügend deutsche Familien – auch in der Siedlung –, die ebensoviel Lärm machen und bis in die Nacht hinein Partys feiern. Du hast doch bestimmt schon von den Leuten in Block acht gehört, oder?«

»Die Familie Franke?« wollte Maria Obranowicz wissen. Durch die Einkaufsgespräche mit Nachbarinnen war sie bestens über das Leben in der Siedlung informiert. »Meinst du die mit dem ständigen Ehekrach?«

»Ja, genau die. Soviel ich gehört habe, ist bei denen Tag und Nacht Palaver. Von Jürgen und Klaus, die oft genug noch nachts um zwei grölend durchs Haus ziehen, will ich gar nicht erst reden.«

»Ist ja alles gut und schön, aber was soll das?« wollte Bernd Obranowicz wissen, dem besonders die letzte Bemerkung ein Stachel im Fleisch war.

»Ich will damit sagen, daß es unter den Deutschen genauso Menschen gibt, die andere nicht zur Ruhe kommen lassen, wie unter den Türken. Und umgekehrt, gibt es bei den Türken ebenso ruhige und anständige Familien wie bei uns. Siehst du, von den neun türkischen Familien hier in der Siedlung benimmt sich eine daneben – warum, das weiß ich nicht –, und schon redet niemand mehr von den Deutschen, die dasselbe tun. Sofort richtet sich alles gegen die Türken. Und das Schlimmste ist, daß sich kaum noch jemand um die eigentlichen Übeltäter, nämlich die Aydens, kümmert. Die Aktion richtet sich gezielt gegen die Nurays, die zu den Vernünftigen gehören. Warum? Na, da frag mal deine Söhne! Und ihr beide seid auch nicht unschuldig daran.«

»Wir? Wie kommst du denn darauf?« Den Gesichtern der Eltern sah man an, daß sie gar nicht wußten, wovon die Tochter eigentlich sprach.
»Ja, ihr.« Monika blieb unnachgiebig. »Ich bin nämlich fest überzeugt, daß es so etwas wie eine allgemeine Ausländerfeindlichkeit in unserem Land gar nicht gibt. Gewisse Vorurteile, die sind natürlich vorhanden – und sei es bloß, weil man zuwenig voneinander weiß. Na ja, und wenn dann irgend jemand mal hier und mal da eine Bemerkung fallen läßt, dann ballt sich das schnell zusammen. Das eigentliche Problem liegt, glaube ich, darin, daß auf beiden Seiten Fehler gemacht werden und daß die Leute nicht bereit sind, Mißverständnisse in Ruhe auszuräumen. Auf beiden Seiten!«
»Mag ja sein«, gab der Vater nachdenklich zu. Daran, wie sein Blick auf der Tochter lag, konnte man erkennen, daß er stolz auf sie war. »Mag ja sein«, wiederholte er. »Mir gefällt die ganze Entwicklung auch nicht. Man redet darüber, was die Leute früher alles falsch gemacht haben, und ist überzeugt, so etwas könne sich nicht wiederholen. Aber – tja, ich weiß nicht, vielleicht sollte man über all das mal in Ruhe nachdenken.«
»Du hast völlig recht!« rief Monika erregt. Sie spürte, daß sich ihr eine Chance bot, die Eltern auf ihre Seite zu ziehen. »Ich glaube, daß uns gerade die Probleme mit den Ausländern eine Möglichkeit bieten, zu zeigen, daß wir aus der Vergangenheit gelernt haben.«
»Ach, Monika, das ist mir alles zu theoretisch«, meinte der Vater mit müder Stimme. »Solche Überlegungen sind gut und recht, aber wenn man selbst betroffen ist, sieht jedes Ding gleich ganz anders aus.«

»Gerade dann bekommt das Handeln doch einen Sinn! Ich meine, natürlich kann man theoretisch feststellen, was immer man will. Aber wenn man als Betroffener handelt, wird die Sache erst glaubwürdig. Dieses Über-den-eigenen-Schatten-Springen, das muß man zeigen. Und weil es zu wenige tun, haben die Hetzfanatiker ihre großen Erfolge.«
»Kind, Kind«, die Mutter seufzte, »du hast gut reden. Wir haben nun einmal überwiegend deutsche Nachbarn, und mit denen müssen wir auskommen. Alles andere verlangt sehr viel Mut.«
»Das ist es, genau das!« rief Monika. »Um Mut geht es, nur darum. Den hatten die meisten Leute damals nicht – und was passiert ist, wissen wir. Wenn wir jetzt wieder feige zu allem schweigen, was direkt in unserer Nähe geschieht . . . Irgendwo müssen wir doch anfangen!«
»Weißt du, Monika«, der Vater lächelte, »du bist jung und voller Idealismus. Wir aber sind alte Karrengäule – die holt so leicht keiner aus dem gewohnten Trott. Mut, das sagt sich so leicht, aber danach handeln? Mut ist etwas für die Jugend – die kann damit noch Berge versetzen. Wir wollen unsere Ruhe.«
»Ihr mit eurer Ruhe – das ist doch keine Ausrede«, erregte sich Monika. »Ihr habt nun mal heute das Sagen, also kommt es auch gerade auf euch an. Fangt doch mit den Nurays an! Lernt sie einmal näher kennen, dann werdet ihr schon sehen, daß es auch anders geht.«
»Rom ist auch nicht an einem Tag erbaut worden«, dämpfte Bernd Obranowicz ihre Aufregung. »Laß uns erst einmal in Ruhe über alles nachdenken – später sehen wir dann weiter.«

Damit mußte Monika sich im Augenblick zufriedengeben. Immerhin hatte sie in der kurzen Zeit mehr erreicht, als sie eigentlich erwarten durfte. Und wenn schon ihre Eltern anfingen, über die Dinge objektiv nachzudenken, dann würde bestimmt auch Ismail Nuray irgendwann zu einem Einlenken zu bewegen sein. Zum erstenmal seit langem sah Monika einen Hoffnungsschimmer. Vielleicht würde doch noch alles gut werden für sie und Selim.
Wie gern wäre sie nach ihrem ersten Teilerfolg zu Selim gelaufen und hätte ihm alles berichtet. Aber noch vor dem Frühstück hatte sie ihn am Müllcontainer getroffen und erfahren müssen, daß Ismail Nuray über seine Kinder ein strenges Ausgehverbot verhängt hatte. An diesem Samstag abend sollte Selim den Vater begleiten, der einige alte Freunde besuchen wollte. Ismail Nuray verfolgte damit das Ziel, den Sohn auf andere Gedanken zu bringen und ihn wieder mehr mit den Gepflogenheiten der Heimat vertraut zu machen.
Der Abend verlief dann allerdings anders, als er es sich erhofft hatte. Zwar waren die Freunde erwartungsgemäß versammelt, und bei Raki, heimatlichen Speisen und anregenden Gesprächen verlief auch alles recht harmonisch. Doch immer wieder machte sich eine gewisse Unsicherheit, vermischt mit leiser Traurigkeit, in der Runde bemerkbar. Dann nämlich, wenn das Gespräch auf diejenigen kam, die nach jahrelanger Arbeit in die Heimat zurückgekehrt waren. Keiner von ihnen, darüber waren sich bald alle einig, hatte dort das Glück und die Zufriedenheit gefunden, auf die er so viele Jahre hingearbeitet, die er so sehnsüchtig erhofft hatte.

Jeder in der Runde stellte sich im Lauf dieses Erfahrungsaustausches wohl irgendwann einmal die Frage, wohin er nun eigentlich gehörte.
Auch Ismail Nuray wurde an diesem Abend recht nachdenklich. Hatte er seinen Entschluß heimzukehren vielleicht doch zu voreilig getroffen? War es wirklich die richtige Entscheidung, die Familie um jeden Preis in eine unsichere, unbekannte Zukunft zu verpflanzen? Und wenn nicht – hatten dann nicht die Kinder recht, die sich offensichtlich längst von der Heimat gelöst hatten? Mußte er sie unter diesen Umständen nicht sogar in ihren Bestrebungen unterstützen – auch wenn es für ihn selbst noch so schmerzhaft war?
Auf der Heimfahrt jagten sich die Gedanken in seinem Kopf. Selim ahnte sehr wohl, womit der Vater sich beschäftigte, und eine kleine Hoffnung begann in ihm aufzukeimen. Doch beeinflussen durfte er den Vater jetzt auf keinen Fall, dazu war alles noch viel zu frisch.
Es war bereits nach halb zehn, als Ismail Nuray seinen Sohn am Schwerstadter Burghof aussteigen ließ, weil er gleich zur Arbeit durchfahren wollte. Selim konnte ab hier den Bus nehmen, der direkt in die Siedlung fuhr.
Als Selim den Fahrplan studierte, stellte er schnell fest, daß der nächste Bus erst in einer halben Stunde zu erwarten war. Daher beschloß er, den Weg zu Fuß zurückzulegen. Schließlich hatte er ja Zeit – die Mutter würde schon nichts sagen, wenn er später heimkäme. Und das Wetter war ideal für einen Spaziergang.
Langsam schlenderte er am Gelände der Stahlwerke vorbei, erreichte den künstlich begrünten Schlackeberg und lief dann durch einige stille Wege und Seitenstraßen.

Um kurz nach zehn war er in die Nähe des Stadtparks gekommen. Dort begegnete ihm Mustafa Ayden.
Da Selim Ayden nur flüchtig kannte, nickte er ihm lediglich kurz zu. Dabei hatte er den Eindruck, daß Ayden ihn mit merkwürdig stechenden Augen musterte. Aber er war derart mit seinen Gedanken befaßt, daß er darauf nicht weiter achtete.

Zehntes Kapitel

Am Montag morgen siedete und brodelte es in der Wohnglück-Siedlung. Schon früh, wenn sich die Männer und Frauen auf dem Weg zur Arbeit oder zur Trinkhalle trafen, blieben sie in kleinen Grüppchen stehen und diskutierten mit heftigen Gesten und erregten Gesichtern miteinander.
Wo man auch vorbeikam, überall hörte man: »Wissen Sie schon? – Haben Sie auch schon gehört? – Was sagst du denn dazu? – Ist das nicht 'ne Sauerei?«
Manch einer hielt die Tageszeitung in der Hand und las den anderen daraus vor. Köpfe beugten sich über Zeitungen, andere drängten nach, um auch einen Blick zu erhaschen. Eine seltene Einigkeit schien an diesem Morgen unter den Mietern zu herrschen.
Währenddessen saß die Familie Obranowicz bereits am Frühstückstisch. Weil Monika früh zur Schule mußte, der Vater aber auf einer gemeinsamen Mahlzeit am Tag bestand, hatten sich Jürgen und Klaus notgedrungen zu der für sie nachtschlafenden Zeit an den Tisch geschleppt. Jetzt warteten sie auf die Mutter.

Diesmal wurde der Kaffee nicht kalt, denn kaum hatten sich alle am Tisch eingefunden, stürmte Maria Obranowicz auch schon schwer atmend ins Zimmer. Mit der linken Hand schwenkte sie die Tageszeitung wie eine Kapitulationsfahne. »Schon wieder ein blondes junges Mädchen!« rief sie erregt.
Hektisch gemurmelte Wortfetzen schwirrten durcheinander, dann dämpfte Bernd Obranowicz die allgemeine Aufregung: »Jetzt beruhigt euch mal. Also, Mutter, was ist schon wieder passiert?«
»Hier! Hier steht's!« rief sie und deutete auf einen Artikel im Regionalteil. »Mädchen überfallen! Nachdem bereits vor einigen Wochen im Stadtteil Osterfeld ein fünfzehnjähriges Mädchen von einem Unbekannten mißbraucht und mit mehreren Messerstichen schwer verletzt worden war, wurde am vergangenen Samstag abend die sechzehnjährige Claudia C. aus Schwerstadt überfallen und lebensgefährlich verletzt.
Nach den ersten Ermittlungen der Schwerstadter Mordkommission hatte das blonde Mädchen den Abend in der Diskothek ‚Le Chat Noir' verbracht und gegen zweiundzwanzig Uhr zu Fuß den Heimweg angetreten.
Etwa in Höhe des Rathauses wurde sie von einem Mann, der ihr wohl schon von der Diskothek aus gefolgt war, eingeholt und in den Stadtpark gezerrt.
Als das Mädchen sich erbittert zur Wehr setzte und dabei laut um Hilfe rief, zog der Mann ein Klappmesser und stach damit mehrmals auf sein wehrloses Opfer ein. In diesem Augenblick näherte sich ein älteres Ehepaar dem Tatort, das mit seinem Hund auf einem späten Spaziergang war. Durch das Bellen des Hundes aufge-

schreckt, ließ der Täter von seinem Opfer ab. Er entkam unerkannt.
Nach Auskunft des Leitenden Oberstaatsanwaltes konnte das Mädchen, das mit lebensgefährlichen Verletzungen in die Kölner Uni-Klinik gebracht werden mußte, eine deutliche Täterbeschreibung geben. Die Polizei hat bereits entsprechende Fahndungsmaßnahmen eingeleitet. Sie rechnet mit einer baldigen Festnahme.
Kurz vor Redaktionsschluß bezeichneten die behandelnden Ärzte den Zustand des Mädchens noch immer als äußerst bedenklich.«
Mit fahrigen Bewegungen nahm die Mutter ein Taschentuch hervor und fuhr sich damit über die Augen. »Also, das steht ja wohl fest, Monika«, wandte sie sich an ihre Tochter, »du gehst mir am Abend nicht mehr aus dem Haus.«
Bernd Obranowicz schüttelte fassungslos den Kopf. »Das sind Zeiten«, murmelte er vor sich hin. »Da ist niemand seines Lebens mehr sicher. Wie kann denn jemand auf einen solchen Gedanken kommen? Glaubt mir, ich verstehe manchmal die Welt nicht mehr.«
Sofort begann Klaus zu zetern: »Was – da wunderst du dich noch? Das ist doch wohl ganz klar. Bevor die Kanaken hier waren, hat es so etwas nicht gegeben! Ich möchte wetten, daß da wieder einer von ihnen seine stinkenden Finger im Spiel hat. Die haben doch immer gleich ihre Nagelfeilen in der Hand – und scharf auf blonde, deutsche Mädchen sind sie auch alle. Das weiß man doch.«
»Klar«, wußte Jürgen zu ergänzen. »Ich hab' sogar mal irgendwo gelesen, daß das bei den Allahs so eine religiö-

se Sitte ist – das Abstechen meine ich. Die schneiden auch ihren Opfertieren den Hals auf und lassen sie verbluten. Bestimmt war das einer von denen!«

»He, he – mal langsam mit den jungen Pferden«, dämpfte der Vater die Phantasie seiner Söhne. »Für eine derartige Behauptung fehlt ja wohl jeder Beweis, oder? Andererseits . . . Also wenn ich mir das recht überlege«, meinte er. »Nun ja, seit die vielen Türken hier sind, geschieht tatsächlich viel mehr als vorher. Da liest man doch jeden Tag von Frauenbelästigungen, Messerstechereien oder Schlägereien in der Zeitung.«

Bisher hatte Monika zu allem geschwiegen. Der Zeitungsbericht hatte sie schwer aus der Fassung gebracht, weil auch sie schon öfters in der Dunkelheit allein am Stadtpark vorbeigegangen war.

Jetzt aber mußte sie etwas sagen. Ausgerechnet in dem Augenblick, wo sie einen ersten Ansatz zur Verständigung bei den Eltern gefunden hatte, geschah so etwas!

»Hört doch mal her«, bat sie ruhig. »Ihr wißt genau, daß nicht nur Türken solche Sachen machen. Das können Deutsche – sogar in unserer nächsten Nähe – ebensogut. Vielleicht darf ich da an gewisse Vorfälle in allerjüngster Vergangenheit erinnern.« Sie warf ihren Brüdern einen vielsagenden Blick zu.

»Sicher, sicher«, brummte Bernd Obranowicz und zuckte vielsagend mit den Schultern. »Aber . . .«

»Sag mal«, wollte Jürgen wissen, »was ist denn mit der Täterbeschreibung, die das Mädchen der Polizei gegeben hat? Steht in dem Artikel nichts davon drin?«

»Nur undeutliche Angaben«, antwortete die Mutter. »Aber Frau Kühn weiß genau, was das Mädchen aus-

gesagt hat. Der Täter soll ein junger Mann sein, ungefähr eins fünfundsiebzig groß, mit dunkler Gesichtsfarbe, schwarzen Haaren und einer römischen Nase. Mehr wußte Frau Kühn auch nicht.«
»Na, Mutter, du bist gut!« rief Jürgen selbstzufrieden grinsend. »Das reicht doch wohl, oder? Genau, wie ich schon gesagt habe: ein Ata – klarer Fall!«
»Du spinnst wohl«, ereiferte sich Monika. »So eine Beschreibung paßt auf Millionen – auf Deutsche, Jugoslawen, Italiener und was weiß ich wen genausogut wie auf einen Türken. Aber was ganz anderes, Mutter: Woher hat die alte Quasselstrippe eigentlich die Beschreibung? Ich mein', wenn doch nichts in der Zeitung steht?«
»Das weiß ich doch nicht«, antwortete die Mutter ungeduldig. »Gut, die Kühnsche redet gern – bei der darf man nicht alles für bare Münze nehmen. Aber wenn sie so etwas sagt, wird es wohl stimmen.«
Klaus hatte zuletzt nachdenklich geschwiegen. Jetzt begann er langsam: »Moment mal – wartet doch mal. Wenn ich mir das so durch den Kopf gehen lasse – die Täterbeschreibung, meine ich –, dann paßt die doch ganz gut auf den Türkenbengel von drüben, oder?«
Jürgen hakte sofort ein: »Den Selim Nuray meinst du? Na klar – das stimmt bis aufs I-Tüpfelchen! Mensch, der ist doch scharf auf unsere Moni wie der Lumpi von der Hasselbrink auf 'ne Knackwurst! Und weil wir die Moni vor dem Kanaken zu schützen gewußt haben . . . Na logisch, das paßt wie die Faust aufs Auge.«
»Kann auch sein, daß er sich für den angeblichen Überfall gerächt hat, bei dem irgend jemand seinen Schwestern etwas Gutes tun wollte.« Klaus lachte schmutzig.

Zornentflammt sprang Monika auf. Blitzschnell fuhren ihre Fingernägel zunächst Klaus, dann Jürgen durchs Gesicht und hinterließen lange, rote Streifen. Dabei rief sie mit tränenerstickter Stimme: »Ihr miesen Ratten! Habt ihr denn noch nicht genug kaputtgemacht? Warum laßt ihr Selim nicht endlich in Ruhe? Er kann doch nichts dafür, daß ihr mal von ein paar Türken verprügelt worden seid.«

»Ein paar ist gut!« gab Klaus wütend zurück. »Mit zwanzig Mann sind die über uns beide hergefallen. Und warum? Wegen gar nichts. Aber warte nur . . .«

Um weitere Feindseligkeiten zwischen den Kindern zu verhindern, schaltete sich Bernd Obranowicz ein. »Wollt ihr wohl wie normale Menschen miteinander umgehen? Wenn ihr mich fragt – den Selim kann ich mir nicht unbedingt bei so etwas vorstellen. Ich meine«, ergänzte er hastig, »ich kenne ihn ja nur vom Sehen . . . Na ja, möglich ist alles. Aber das können wir wohl unbesorgt der Polizei überlassen. Ihr habt ja gehört: Man rechnet mit einer baldigen Festnahme.«

»Hör mir doch mit denen auf!« höhnte Klaus. »Die pennen doch. Freiwillig machen die keinen Finger krumm. Bevor die den Mädchenfreund finden, ist er an Altersschwäche gestorben.«

»Müßte eben mal jemand den Sheriffs einen Tip geben«, meinte Jürgen gedehnt. »Dann können sie gar nicht anders, als sich darum zu kümmern. Aber anonym«, fügte er fast unhörbar hinzu, »sonst hat man nachher noch selbst den Ärger mit den Jungs.«

»Wenn ihr das tut . . . Ich weiß nicht, was ich dann mit euch mache!« drohte Monika schluchzend. »Selim hat

damit überhaupt nichts zu schaffen! Wie kommt ihr überhaupt auf so einen Quatsch? Das ist doch absolut hirnrissig!«
Die Brüder schwiegen, aber die Blicke, die sie sich zuwarfen, zeigten geheimes Einverständnis.
Inzwischen war es halb acht geworden, und Monika mußte zur Schule. Zwar fühlte sie sich nach den Vorfällen nicht wohl, aber Selim, der sie hätte trösten können, war bestimmt schon in der Lehrwerkstatt. Vielleicht wurde sie in der Schule auf andere Gedanken gebracht.
Kurz nach acht verließen dann auch Jürgen und Klaus die Wohnung. Um diese Zeit trafen sie sich regelmäßig mit den Gleichgesinnten in ihrem Alter, die ebenso wie sie arbeitslos waren und mit der Langeweile eines langen Tages nicht fertig wurden. Zum harten Kern der Obs gehörten neben Jürgen und Klaus auch die drei jungen Männer, die vor einiger Zeit bei Bomber-Willy an dem Streit mit Mustafa Ayden beteiligt gewesen waren. Die Brüder Obranowicz nahmen in dieser Gruppe wegen ihrer beachtlichen Trinkfreudigkeit und besonderen Aggressivität eine Vorrangstellung ein. Wie gewöhnlich war auch an diesem Morgen ihr erster Anlaufpunkt die Trinkhalle von Bruno Kowalczik. Kaum hatte der die beiden mit einem eher unfreundlichen »Hallo« begrüßt, rutschten auch schon zwei Flaschen Bier und zwei Magenbitter über den Tresen.
Ausnahmsweise waren Jürgen und Klaus diesmal die ersten. Es dauerte aber nur einige Lagen Bier und Magenbitter, bis auch der letzte der Obs am Sammelpunkt eingetroffen war und sich mit dem Standardfrühstück der Gruppe in Stimmung gebracht hatte.

Anders als sonst, wo bei ihren Gesprächen die Arbeitsmarktlage, die Unverschämtheit der Sozialbehörden, die allgemeine Politik oder König Fußball im Mittelpunkt standen, drehte sich diesmal alles um den neuerlichen Überfall im Stadtpark. Den beiden Obranowiczs fiel es nicht schwer, ihre drei Mitzecher davon zu überzeugen, daß nur ein Türke – und von denen wiederum nur Selim Nuray – als Täter in Frage komme. Je länger sie darüber sprachen, desto genauer wurde die Übereinstimmung zwischen ihm und der Täterbeschreibung.
Irgendwann im Lauf des Vormittags erinnerte sich dann einer aus der Gruppe über dicht verhangene Alkoholnebel hinweg sogar noch daran, daß er Selim am Samstag abend in der Nähe des Stadtparks gesehen hatte.
Nachdem ihre Vermutung auf diese Weise die vermeintlich letzte Bestätigung erhalten hatte, waren die jungen Männer zu allem bereit. Aber noch zeigte der Alkohol nicht genügend Wirkung – die jungen Männer waren bereits allzusehr an ihn gewöhnt –, um sie zu einer gezielten Aktion zu veranlassen. Telefonieren aber, nun, telefonieren konnten sie immerhin.
Kaum war das geschehen, machten sie sich mit stolzgeschwellter Brust auf, um ihren Tagungsort in die Innenstadt zu verlegen. Dort konnten sie sicher sein, weitere Zechfreunde zu treffen. Ihre Pflicht als anständige Staatsbürger hatten sie ja nun getan, den Rest sollten andere erledigen.

Elftes Kapitel

Lange bevor die Familie Obranowicz sich am Frühstückstisch traf, hatte Selim an diesem Montag morgen die Wohnung verlassen. Doch so früh es auch war – es war nicht früh genug.

Bereits jetzt, noch vor halb sieben Uhr, standen überall Mieter der Wohnglück-Siedlung zusammen. Sobald Selim an einem dieser Grüppchen vorbeikam, flogen ihm mißtrauische und erschreckend feindselige Blicke zu. Hier und dort hörte er es grollen: »Junges Mädchen – garantiert Türken – bestialisch abgeschlachtet – alle vergasen« und ähnliche Bemerkungen.

Selim wußte sehr wohl, worüber die Leute sich so erregten, denn er hatte das Wichtigste bereits von seinem kurz nach sechs heimkehrenden Vater erfahren. Jetzt stöhnte er innerlich auf.

Auch das noch, dachte er. Als wenn die Situation hier in der Siedlung für uns nicht schon kritisch genug wäre! Hoffentlich findet die Polizei den Täter bald, sonst wird bestimmt wieder alles auf die Türken geschoben.

Auch in der Lehrwerkstatt wurde im Lauf des Vormittags die aufsehenerregende Tat von allen Seiten beleuchtet. An diesem Tag spürte Selim zum erstenmal eine kühle, beinahe ablehnende Atmosphäre. Sobald er sich einer Gruppe von Arbeitskollegen näherte, die über das Tagesthema diskutierten, verstummten die Gespräche, und die Kollegen wechselten schnell zum Fußball oder zur Politik über. Sie, die sonst immer zu einer freundlichen Anpflaumerei bereit gewesen waren und Selim stets als einen der ihren behandelt hatten, warfen

ihm jetzt merkwürdig scheue Seitenblicke zu. Immer wieder mußte er beobachten, wie die anderen aufgeregt miteinander tuschelten und ihn dabei mißtrauisch ansahen. Wie von allem abgeschnitten fühlte er sich.
Verzweifelt dachte er: Selbst wenn hier alle glauben sollten, daß an dem Überfall ein Türke beteiligt war, können sie doch nicht mich dafür verantwortlich machen! Aber was kann ich dagegen tun?
Als die Sirene zur Mittagspause erklang, wollte Selim gerade die Werkstatt verlassen, um sich auf der großen Rasenfläche ein wenig in die Sonne zu legen und sein mitgebrachtes Brot zu verzehren, da rief Herr Töndel barsch herüber: »He, Nuray – komm doch mal her!«
Der Ausbilder, der sonst stets gleichbleibend freundlich war und Selim immer genauso behandelte wie seine deutschen Kollegen, war Selim schon während des ganzen Vormittags verändert erschienen. Einmal hatte er, als Selim einen kleinen Fehler bei einer Stromkreisschaltung gemacht hatte, sogar knurrend gefragt, ob in der Türkei der Strom anderen Gesetzen gehorche.
Selim hatte sich zwar über die Veränderung in Herrn Töndels Wesen gewundert, sie aber nicht auf sich bezogen. Wahrscheinlich hat der Töndel auch eine Tochter in dem Alter, dachte er. Ist ja verständlich, daß man da nervös wird.
Jetzt aber bellte der Ausbilder ihn regelrecht an: »Los, Nuray, geh mal nach vorn zum Tor, da wartet die Polizei auf dich. Der Pförtner hat gerade angerufen.«
Ein eisiger Schreck fuhr Selim in die Glieder. Polizei? Um Himmels willen – war zu Hause etwas passiert? Hatte der Vater einen Unfall gehabt?

Und dann kam ihm die Erleuchtung: Klar, das war's! Mit dem Überfall neulich auf ihn und die drei Mädchen mußte der Besuch zusammenhängen. Aber dann überlegte er weiter: Das konnte ja wohl auch nicht stimmen. Hellseher hatten die bei der Polizei nicht, und von ihnen vier hatte garantiert keiner etwas gesagt. Vor allem würden die Beamten ihn deswegen kaum an seinem Arbeitsplatz besuchen.
Weil er während seiner Überlegungen bewegungslos dagestanden und vor sich hingestarrt hatte, knurrte Herr Töndel ihn an: »Na los, nun mach schon! Jetzt kriegst du das große Muffensausen, was? Du wirst wohl wissen, Bürschchen, was die Kripo von dir will.«
Daß er von den beiden Beamten durch den Pförtner ausdrücklich dazu angehalten worden war, nicht zu erwähnen, daß Selims Besucher von der Polizei kamen, vergaß Herr Töndel geflissentlich. Die Erregung hatte seine Grundsätze von Gerechtigkeit und Sachlichkeit in den Hintergrund gedrängt.
Die Kripo, dachte Selim, auch das noch! Das wird ja immer toller. Als er sich langsam auf den Weg zum Werkstor machte, spürte er zum erstenmal in seinem Leben, daß man auch dann ein schlechtes Gewissen haben kann, wenn man sich keiner Schuld bewußt ist.
Überall auf seinem Weg kam er an Kollegen vorbei, die ihn mit hämischen, lauernden oder mißtrauischen Blicken verfolgten. Offensichtlich hatte es sich bereits herumgesprochen, daß die Kriminalpolizei auf ihn wartete. In dem kleinen Warteraum des Pförtnerhäuschens stellten sich ihm dann zwei Männer in Zivil als Mitglieder der Mordkommission vor, was Selim inner-

lich vor Angst zittern ließ. Mordkommission! Du lieber Himmel! Ob tatsächlich etwas mit seiner Familie war? Der ältere der beiden Beamten führte das Gespräch, während der jüngere etwas abseits saß, sich gelegentlich in einem kleinen Buch Notizen machte und dabei kaum einmal den Kopf hob.

Selims Gegenüber kam sofort zur Sache und berichtete, daß an diesem Vormittag unzählige Anrufe aus der Bevölkerung eingegangen seien, die sich alle auf den Überfall auf das junge Mädchen bezogen hätten. Einer der Anrufer, der übrigens nicht bereit gewesen sei, seinen Namen zu nennen, habe Selim als möglichen Täter bezeichnet.

»Wissen Sie, Herr Nuray«, meinte der Beamte, »wir müssen natürlich jedem einzelnen Hinweis nachgehen. Selbst dann, wenn sich von Tausenden später nur ein einziger als richtig erweist.« Weiter erfuhr Selim, daß die beiden Beamten ihn heute morgen bereits in der Siedlung gesucht hatten. Yüksel Nuray hatte ihnen mühsam radebrechend erklärt, wo Selim zu dieser Zeit zu finden war. Um ihn nicht von der Arbeit wegzuholen – der Verdacht war bei weitem nicht dringend genug, um das damit verbundene Aufsehen zu rechtfertigen –, hatten sie bis zur Mittagspause gewartet.

»Wir müssen jetzt aber weiter, Herr Nuray«, beendete der ältere Beamte das Gespräch, während sein Kollege das Notizbuch einsteckte. »Sie können ganz beruhigt sein – mit der wirklichen Täterbeschreibung haben Sie nicht die geringste Ähnlichkeit. Aber da wir nun einmal hier sind: Sie wissen natürlich auch nichts von der ganzen Angelegenheit, oder?«

Sekundenlang schwankte Selim innerlich hin und her. Nein, er wußte wirklich nichts. Oder vielleicht doch? Sollte er angeben, daß er am Tatabend seinen Nachbarn, Mustafa Ayden, in der Nähe des Stadtparks gesehen hatte? Hieß das denn bereits, etwas zu wissen? Sicher, einerseits war es seine Pflicht, die Polizei in ihrer Arbeit zu unterstützen. Aber andererseits sprach nichts dafür, daß Ayden irgend etwas mit dem Überfall zu tun hatte. Und wie schnell man unschuldig in so eine Sache hineingeraten konnte, hatte er ja soeben am eigenen Leib erfahren müssen. »Nein«, erwiderte er daher nach kurzer Bedenkzeit, »ich weiß nichts.«

»Na ja«, meinte der Beamte, »war auch nur eine Frage. Im Gegensatz zu Schimanski oder dessen Fernsehkollegen lösen wir die meisten Fälle nämlich durch stures Fragen – häufig genug auch durch puren Zufall. Also, Herr Nuray«, sagte er abschließend und reichte Selim die Hand, »alles Gute dann. Auf Wiedersehen sagt man in unserem Beruf ja lieber nicht.«

Der zweite Beamte nickte Selim nur kurz zu, dann waren die beiden verschwunden.

Selim stand lange Zeit wie betäubt da und starrte blicklos vor sich hin. Das war's also? So einfach ging das? Und was sollte er jetzt den anderen erklären? Die würden ihm doch nie glauben, daß der Kripobesuch eine reine Routineangelegenheit gewesen war. Da konnte er erzählen, was er wollte.

Und wirklich war nach der Mittagspause die Atmosphäre in der Werkstatt zum Zerreißen gespannt. Irgend etwas Unfaßbares, Körperloses schien die Gruppen der nur zögernd arbeitenden Jungen und Mädchen wie eine

unsichtbare, undurchdringliche Nebelwand einzuhüllen. Natürlich wußte niemand, warum Selim zur Polizei gemußt hatte – gar noch zur Kripo. Und weil keiner mit Selim redete, ja, sie ihm sogar noch deutlicher als am Vormittag aus dem Weg gingen, hatte er auch keine Chance, alles zu erklären. Vermutlich wollten die anderen gar keine Erklärung hören, denn gerade das Nichtwissen regte ihre Phantasie an.
Grundlos hatte die Polizei Selim bestimmt nicht vernommen. Und die Sache mit dem Mädchen . . . Hieß es nicht, da hätten Türken ihre Finger im Spiel gehabt? Ob Selim etwa . . . Warum nicht – er war doch Türke, auch wenn er hier geboren war. Vielleicht fehlte der Polizei ja nur noch der letzte Beweis und dann: Klack – Handschellen – ab die Post zum Hotel Gitterblick!
Selim fühlte sich an diesem Nachmittag zum erstenmal seit dem Beginn seiner Ausbildung in der Werkstatt todunglücklich. Wie nie zuvor sehnte er den Feierabend herbei. Aber wozu? In der Siedlung war es auch nicht besser. Dennoch erschien ihm das Mißtrauen der andern hier, im Betrieb, wo er stets völlig normal behandelt worden war, noch unerträglicher als anderswo.
Endlich war es soweit – nur noch fünf Minuten bis zum Feierabend!
Aufseufzend legten die Auszubildenden ihr Werkzeug zur Seite und räumten die Arbeitsplätze auf.
Unterdessen ging Herr Töndel von Gruppe zu Gruppe und begutachtete die Leistungen seiner Schützlinge. Nur an Selim, der während des ganzen Nachmittags allein vor sich hin gewurstelt hatte, ging er wort- und blicklos, mit zusammengekniffenen Lippen vorbei.

Wenig später verließen alle die Werkstatt. Um Selim, der sonst stets zu ihnen gehört hatte, machten sie heute einen großen Bogen, wie um einen Aussätzigen. Mit gesenktem Blick schlurfte er zum Tor. Nach all den Erlebnissen der vergangenen Wochen, die an diesem Tag – ausgerechnet hier in der Werkstatt – ihren Höhepunkt gefunden hatten, gab er sich selbst innerlich auf.
Wie hätte er sich denn noch wehren können? Und vor allem: wogegen? Es war ja nirgendwo ein konkreter Ansatzpunkt zu finden. Niemand hatte ihm einen greifbaren Vorwurf gemacht. Bei dem Gespinst von Verdächtigungen, Vorurteilen und Gerüchten lief doch jeder Versuch einer Gegenwehr darauf hinaus, die Federn aus einem aufgeplatzten Kissen, die ein wilder Wind mühelos durch die Lüfte wirbelt, einzeln wieder einzusammeln.
Für einen Augenblick schoß dem verzweifelten Selim der Wunsch durch den Kopf, seinem Leben ein Ende zu machen. Vielleicht an der Bahnstrecke hinter dem Werksgelände? Nein, das war nicht sicher genug.
Als er das Tor erreichte und langsam aufblickte – stand Monika vor ihm. Vor allen Kollegen fiel sie ihm um den Hals und gab ihm einen Kuß.
Zunächst ernteten die beiden merkwürdig fragende, teils geringschätzige Blicke. Dann aber ertönten vereinzelt bewundernde Pfiffe, und schließlich rief jemand freundlich herüber: »Mensch, Selim, du hast vielleicht Glück! So ein Mädchen sollte mich hier mal abholen.«
Monika hatte inzwischen seine Hand genommen und ihn mit sich fortgezogen. Dabei sagte sie hastig: »Du, Selim, ich mußte einfach kommen. In der Siedlung redet alle Welt davon, daß du die beiden Mädchen überfal-

len haben sollst. So ein verrücktes Gewäsch! Natürlich weiß schon die halbe Stadt, daß die Polizei bei euch in der Wohnung war. Vermutlich sind sie fest überzeugt, daß du bereits im Gefängnis bist. Aber denen werden wir es zeigen! Die spinnen ja alle!«
Wie eine Sturzflut war es aus Monika herausgebrochen. Selim hatte nur schweigend zuhören können. Ganz warm war ihm dabei ums Herz geworden.
Was war er doch für ein Idiot! So etwas wie eben auch nur zu denken . . . Nichts war sinnlos und erst recht nichts hoffnungslos. Allerdings – kämpfen mußte er schon! Aber lohnte es sich denn nicht, mit einem solchen Mädchen an der Seite? Ach, was hieß Mädchen? Monika war mehr. Eher schon eine junge, selbstbewußte Frau – obwohl sie erst sechzehn war.
Schweigend liefen die beiden Hand in Hand über die Eisenbahnbrücke und am neuen Mammutbau des Finanzamtes vorbei in die Stadt hinein. Als sie den Bahnhof erreichten, beschlossen sie, noch für einige Stunden zu ihrer Clique in die Kornstraße zu gehen.
Fast sämtliche Mitglieder der Gruppe waren diesmal im Jugendheim versammelt. Dort schien so etwas wie ein Kriegsrat stattzufinden. Die jungen Leute saßen an dem langen Tisch und redeten erregt aufeinander ein. Hart prallten die Meinungen gegeneinander. Als Monika und Selim eintraten, verstummten sie schlagartig. Eine lähmende, drückende Stille senkte sich über die Anwesenden. Nur kurz blickten sie hoch und warfen Selim mißtrauisch-fragende Blicke zu. Dann setzten sie ihre Unterhaltung in gedämpftem Ton und mit anderen Themen fort, ohne sich um die beiden zu kümmern.

Monika und Selim hatten die angespannte Atmosphäre zunächst gar nicht bemerkt. Als sie sich aber auf zwei freie Stühle zu den anderen an den Tisch setzen wollten, knurrte einer, ohne dabei aufzusehen: »Besetzt – da kommt noch jemand.«
In diesem Augenblick erkannten die beiden erst, was mit den anderen los war. Selim griff nach Monikas Hand und wollte sie aus dem Raum ziehen. Doch das Mädchen riß sich los, baute sich demonstrativ vor den anderen auf und herrschte sie an: »He, ihr Transusen – kann mir mal jemand sagen, was mit euch los ist?«
Sichtlich empört antwortete Rolf: »Nun komm mal runter von deiner Traumwolke! Du weißt genau, was da mit deinem Typ läuft. Die Polizisten mögen ja dämlich sein, aber wegen nichts düsen die auch nicht durch die Gegend, um deinen lieben Selim hochzunehmen.«
»Trottel!« fuhr ihn Monika böse an. »Kein Mensch will den Selim hochnehmen. Glaubt ihr Puddinghirne etwa, dann würden wir so seelenruhig hier aufkreuzen? Die Polizisten, die Selim übrigens rein routinemäßig befragt haben, erklärten ausdrücklich, daß die Personenbeschreibung gar nicht auf ihn paßt.« Mehr zu sich selbst fügte sie hinzu: »Ich möchte sowieso mal wissen, wer diesen Blödsinn in die Welt gesetzt hat.«
Dann wandte sie sich wieder an die anderen und forderte sie eindringlich auf: »Mensch, werdet endlich mal wach! Ihr habt doch bisher keine Vorurteile gehabt. Und auf einmal laßt ihr euch von so einem Gerede ins Bockshorn jagen. Gerade heute braucht der Selim euch!«
Einen Augenblick lang herrschte Schweigen. Dann meinte Rolf mit einem spöttischen Lächeln: »Tolle Pre-

digt, ehrlich. Warum wirst du eigentlich nicht Pastorin? Aber mal ganz im Ernst: Wir haben bestimmt nichts gegen Selim – das weißt du sehr gut. Aber so, wie sich die Sache im Moment darstellt, wollen wir doch erst abwarten, wie's weitergeht. Kein Rauch ohne Feuer – das kennst du ja, oder? Na bitte.«
Wieder wollte Monika loslegen, doch da hatte Selim ihre Hand bereits fest gepackt. Während der ganzen Zeit hatte er nur schweigend zu Boden geblickt und sich fürchterlich geschämt. Auch seine einzigen Freunde hatten sich also gegen ihn gewandt – und zwar wegen nichts und wieder nichts. Am liebsten hätte er sich in irgendeinem Mauseloch verkrochen. »Komm«, murmelte er leise und zog Monika unnachgiebig hinter sich her aus dem Raum. Noch während sie das Jugendheim verließen, hörten sie hinter sich erregten Lärm aufbranden.
Auf der Straße sagte Selim: »Laß mal, Monika. Grundsätzlich verstehe ich die Typen sogar. Wieso sie aber ausgerechnet auf mich kommen, ist mir nicht klar.«
Da gestand Monika beschämt und wütend zugleich: »Ich fürchte, da haben meine lieben Brüder ihre Finger im Spiel. Die sind auf Türken schon lange schlecht zu sprechen, aber seit wir beide miteinander gehen, richtet sich ihr ganzer Haß gezielt gegen dich und deine Familie. Weißt du, meine Eltern lassen unter Nachbarn auch schon mal die eine oder andere Bemerkung fallen, aber das ist gar nichts gegen meine Brüder. Seit die arbeitslos sind und mit der Bande von diesem Killer-Karl verkehren, ist mit denen nichts mehr anzufangen. Von vierundzwanzig Stunden am Tag stehen sie sechsundzwanzig voll im Nebel. Ich weiß weder, warum sie so viel

trinken, noch wie sie sich das leisten können. Aber was dabei herauskommt, hast du ja selbst gesehen. Dabei waren sie früher mal unheimlich in Ordnung. Irgendwie sind die beiden völlig aus dem Gleis geraten.« Hilflos und traurig zuckte sie mit den Schultern.
Selim hatte ihr schweigend zugehört. Das erklärte natürlich vieles. Jetzt wußte er endlich, warum sich die feindselige Stimmung in der Siedlung ausgerechnet gegen seine Familie richtete. Was für ihn dadurch aber auch nicht klarer wurde, war die Ursache der Feindseligkeiten. Gut, irgendwo mochten Vorurteile schon immer vorhanden gewesen sein. Aber wieso waren sie ausgerechnet in der Siedlung mit einem Mal explosionsartig ausgebrochen? Selim gab die sinnlose Fragerei auf. Eine Erklärung für all die Vorfälle würde er ja doch nicht finden. Aber vielleicht konnte er wenigstens etwas gegen die gezielten Aktionen unternehmen, die sich gegen seine Familie richteten? Am besten wäre es wohl, sich einmal mit Monikas Brüdern zu unterhalten. Wenn man sich erst persönlich kannte, fiel es bestimmt leichter, Vorurteile abzubauen. Aber von diesen Überlegungen sollte Monika vorerst nichts erfahren.
Als sie sich der Siedlung näherten, meinte Selim: »Hör mal, Monika. Ich finde es toll, daß du mich abgeholt hast. Aber in der Siedlung soll uns im Augenblick lieber niemand zusammen sehen. Die Lage ist angespannt genug, da will ich dich nicht noch mit hineinziehen.«
Monika wollte ihn unterbrechen, aber er fuhr schnell fort: »Nein, nein – ich muß damit erst allein fertig werden. So blind können unsere Mitbürger nicht sein, daß sie einen Unschuldigen steinigen. Aber wenn sie

uns jetzt zusammen sehen, wer weiß, wie sie dann reagieren. Bestimmt ist es besser, wir trennen uns hier.«
Noch einmal versuchte Monika, ihn umzustimmen. Sie wollte bei ihm bleiben, wollte allen zeigen, daß sie zu ihm hielt. Sie wollte den anderen beweisen, daß sie unrecht hatten. War ihr Erscheinen am Werkstor nicht auch erfolgreich gewesen? Und was kümmerte es sie, wenn die anderen über sie redeten, sofern sie irgend etwas – und sei es noch so wenig – für Selim erreichen konnte? Irgendeiner mußte ja den Anfang machen.
Selim blieb unnachgiebig, und so kehrten sie nach einem langen Kuß, der alle ihre Liebe, aber auch ihre ganze Verzweiflung ausdrückte, getrennt in die Siedlung zurück. Obwohl es gerade erst neunzehn Uhr wurde, war innerhalb weniger Minuten fast schlagartig die Dunkelheit hereingebrochen. Tagelang war es hochsommerlich heiß gewesen, hatte eine flimmernde Sonne das Land ausgelaugt. An diesem Tag war die trockene Hitze in eine feuchtwarme Schwüle übergegangen, die sich den Menschen bedrückend auf die Gemüter legte.
Jetzt endlich schien sich die Entspannung anzubahnen. Wolkenfetzen jagten rasend schnell am Himmel dahin. Wind war aufgekommen und nahm beständig an Kraft zu. Ganz weit entfernt blitzten in der Dunkelheit fahle Zacken auf. Trotz des sich ankündigenden Gewitters standen überall Mieter der Siedlung zusammen, die sich aufgeregt unterhielten. Als sie Selim erblickten, wie er scheinbar unbesorgt dahinschlenderte, brauste ein Sturm der Entrüstung durch die Anlagen.
Das durfte ja wohl nicht wahr sein! Hieß es denn nicht, gegen den Türken sei bereits ein Haftbefehl erlassen

worden? Na, da ließ die Polizei sich aber mal wieder ordentlich Zeit, wenn es darum ging, einen gefährlichen Mörder dingfest zu machen! Lange konnte es jedoch nicht mehr dauern, bis sie zu einer Großaktion hier anrücken würden.
Viele der aufgeregten Mieter waren sich einig, daß es ein gruseliges Gefühl war, mit einem Massenmörder hautnah zusammenzuleben. Und dann der Polizeieinsatz, der hier gleich stattfinden würde! Noch jahrelang würde man davon zu erzählen haben.
Wie brutal dieser Nuray aber auch aussah! Dem standen sämtliche Untaten auf der Stirn geschrieben. Und Reue? Seht ihn euch doch an – keine Spur!
Möglicherweise plante er ja auch schon einen neuen Mord. Bestimmt war es besser, man holte die Mädchen herein, bis die Polizei ihn festgenommen haben würde. Na ja, die Jungen natürlich auch . . . Man hörte schließlich so allerhand von diesen Türken.

Zwölftes Kapitel

Während es montags in der kleinen Siedlungskneipe üblicherweise eher ruhig zuging, herrschte an diesem Abend ein Betrieb wie an den Wochenenden.
Hatten die Frauen sich vor den Haustüren zusammengefunden, so waren die Männer zu Bomber-Willy gekommen, um bei Bier und Korn die aufregenden Tagesereignisse durchzusprechen. Dem Wirt – so sehr er sich auch über das unvorhergesehene Zusatzgeschäft freute – war die nervöse Hektik seiner Gäste unheimlich.

Am lautesten von allen schrien die beiden Obranowiczs und ihre drei Freunde, die an einem großen Tisch in der hintersten Ecke hockten und mit ungeheurem Tempo ständig nach neuen Getränken riefen.
Besonders gern sah Bomber-Willy diese Gäste nicht. Neben der Tatsache, daß sie stets schon erheblich angetrunken in seine Zinkwanne kamen, war auch jeder einzelne von ihnen allezeit zu Streitigkeiten oder sogar zu einer Schlägerei aufgelegt. Nur zu genau erinnerte sich der Wirt an die Auseinandersetzung zwischen den Obs und dem Türken Mustafa Ayden.
Nein, zu seinen Lieblingsgästen zählte die Clique um die beiden Obranowiczs ganz bestimmt nicht, zumal sie es auch mit dem Bezahlen nicht so genau nahmen und häufig anschreiben ließen. Im guten war bei ihnen allerdings nichts zu erreichen. Die einzige Möglichkeit, gegen sie vorzugehen, wäre ein Lokalverbot gewesen, und davor scheute der Wirt dann doch zurück.
An diesem Abend trieben es die Obs wieder einmal besonders toll. Immerhin waren sie der festen Überzeugung, der Gerechtigkeit zum Sieg verholfen zu haben. Und das, so dachten sie, war ein Grund zum Feiern.
»Hört ihr?« grölte Klaus, als sich nach stundenlanger Spannung die Atmosphäre endlich in einem ersten gewaltigen Donnerschlag entlud. »Der liebe Gott gibt uns recht. Er schimpft mit den Atas.«
Ja, Jürgen und Klaus waren in bester Stimmung. Ihr Problem war wohl endlich beseitigt. Nicht nur, daß sie Rache genommen hatten für die Schmach, die die jugendlichen Türken ihnen seinerzeit zugefügt hatten – nein, jetzt konnte sie auch niemand mehr als Brüder ei-

ner Türkenmamsell bezeichnen. Das Streitobjekt war elegant aus der Welt geschafft worden – oder zumindest aus der Siedlung hinaus und ins Gefängnis hinein.
Außerdem konnten sie wohl davon ausgehen, daß die Sippe dieses Sexualmörders jetzt von allein aus der Siedlung verschwinden würde. Und wenn nicht . . . Ach, da gab's noch andere Möglichkeiten. Zur Not mußte eben noch einmal Killer-Karl mit seinen rauhen Burschen bemüht werden. Für den war das ein regelrechter Leckerbissen.
Stunde um Stunde verging, und wenn die Brüder Obranowicz und ihre Freunde an ein Meßgerät für den Pegelstand von Alkohol angeschlossen gewesen wären, hätte der Zeiger bestimmt in einem fort an der obersten Markierung der Skala klingelnd Alarm geschlagen. Das hinderte sie allerdings nicht daran, immer noch aufs neue nachzuschütten.
Bei dem Lärm, den sie an diesem Abend veranstalteten, hatten sie bisher völlig überhört, wie sich die Männer am Tresen seit geraumer Zeit maßlos darüber aufregten, daß der mörderische Türkenbengel noch immer frei herumlief. Untermalt von krachenden Donnerschlägen hatten sie auf die Polizei gewettert, die untätig zusehe, wie ein Massenmörder mitten unter ihnen, den anständigen Steuerzahlern, sein Unwesen treibe.
Inzwischen hatte sich die Aufregung am Tresen wieder gelegt. Andere Themen waren in den Mittelpunkt des Interesses gerückt – schließlich konnte man nicht immerzu auf ein und derselben Sache herumreiten.
Im Augenblick war es der Skandal um eine Betriebsschließung, der die Gemüter erhitzte.

»Apropos Betriebsräte!« rief Karl Stein. »Man kann ja davon halten, was man will – aber etwas Gutes haben sie schon für sich. Jedenfalls herrscht bei uns im Haus jetzt Ruhe.«

»Was? – Wie das denn? – Wer hat das geschafft?« klang es ungläubig durcheinander.

»Na ja, wenn ihr es genau wissen wollt – das kam so«, führte Karl Stein umständlich aus. »Mit diesen Aydens war es zum Schluß ja wirklich unerträglich. Sie dachten gar nicht daran, ihr Verhalten zu ändern, und wir wußten nicht mehr, was wir machen sollten. Da haben wir in unserem Block eine Art Mieterversammlung einberufen, bei der jemand auf den Gedanken kam, einfach mal mit dem Betriebsrat der Kokerei zu sprechen, bei der Mustafa Ayden beschäftigt ist. Also sind wir da mit einer Abordnung von vier Mietern hin. Die haben dort einen türkischen Dolmetscher, den der Betriebsrat hinzugezogen hat, und Ayden selbst war auch dabei. Wir haben über alles geredet, und der Dolmetscher war ständig am Übersetzen. Dabei haben wir erfahren, daß der Ayden tatsächlich so gut wie kein Deutsch kann und daß die ganze Sache irgendwie ein Mißverständnis war – auf beiden Seiten. Jedenfalls hat er sich sogar bei uns entschuldigt, und seitdem ist Ruhe. Warum, frage ich euch, ist bloß nicht eher einer auf den Gedanken mit dem Betriebsrat gekommen?«

Karl Steins Ausführungen hatte auch Jürgen Obranowicz gehört. »Quatsch!« rief er herüber. »Ein Mißverständnis – wenn ich das schon höre. Die Atas müssen weg, und zwar alle. Den ersten hat die Kripo ja schon geholt, und die anderen kommen auch noch dran.«

»Hast du die ganze Zeit gepennt?« wollte ein Mann wissen. »Oder hat dir der Alkohol bereits die Birne ausgehöhlt? Von wegen abgeholt! Der Nuray sitzt in Ruhe zu Hause und läßt es sich gutgehen!«
Jetzt waren auch die anderen Mitglieder der Clique um die Obranowiczs aufmerksam geworden. Ein Wort gab das andere, ungläubige Rufe flogen zum Tresen hinüber, und dann brach an dem Tisch in der Ecke die helle Aufregung aus: Selim Nuray, der Mädchenmörder, war nach wie vor auf freiem Fuß! Die ehrlichen Bemühungen anständiger deutscher Bürger waren von der Polizei gar nicht zur Kenntnis genommen worden. Auch bei den Männern am Tresen erhitzten sich für kurze Zeit noch einmal die Gemüter an diesem Thema. Ein Mörder in der unmittelbaren Nachbarschaft berührte sie doch mehr als alles andere.
Sehr schnell gelang es Bomber-Willy und einigen der besonneneren Männer, das Gespräch am Tresen wieder in ruhiges Fahrwasser zu lenken. Wenig später kümmerte sich hier niemand mehr um die jungen Männer. Bei denen aber schlug der Zorn jetzt erst recht hohe Wellen. Immer hitziger wurde die Diskussion, immer lauter wurden große Reden geschwungen.
»Da haben wir den Schschschweinemist«, schimpfte Klaus, dessen Fähigkeit, sich verständlich zu äußern, durch Alkohol und Erregung deutlich beeinträchtigt wurde. »Da dürfen die Kanaken unsere Mädchen abschlachten, und die Bullen kümmern sich nicht darum.«
»Mensch«, warf ein anderer lallend ein, »die haben doch alle die Hosen gestrichen voll! Oder glaubst du vielleicht, die hätten keine Angst vor 'nem Stilett?«

»Pah«, fügte ein dritter mit feuchter Aussprache hinzu. »So was gibt's auch nur hier bei uns. Ich sag' euch, die Amis wissen, wie man solche Probleme löst. Die haben da nämlich den Ku-Klux-Klan« – das Wort bereitete ihm besondere Schwierigkeiten und war nur mit Mühe zu erkennen – »und stecken den Negern kurzerhand die Hütten über den Köpfen an. So einfach ist das.«
Wehmütig seufzte Jürgen. »Früher wußte man sich bei uns in solchen Fällen auch zu helfen. Da hätte kein Türke ungestraft ein deutsches Mädchen überfallen.«
Immer weiter schaukelten sich die fünf jungen Männer in ihrer trunkenen Wut hoch, bis endlich einer von ihnen aussprach, was sie alle unbewußt die ganze Zeit über gedacht hatten. »Wenn die Polizei uns nicht hilft, müssen wir unsere Frauen eben selbst schützen.«
Das war die Lösung. Hilf dir selbst, dann hilft dir Gott. So hieß es doch, oder? Na bitte. Dementsprechend würden sie jetzt etwas unternehmen. Aber was?
Hin und her gingen die Vorschläge, doch eine richtig zündende Idee hatte keiner von ihnen. So mußten sie, ohne einen Schritt weitergekommen zu sein, gegen Mitternacht die Zinkwanne verlassen. Werktags schloß Bomber-Willy grundsätzlich um diese Zeit.
Mehrere Flaschen Bier und zwei Flaschen Korn ließen sie sich noch für den langen Heimweg aushändigen. Mit dieser Seelenspeise versehen, wankten sie benebelt, aber in fest geschlossener Reihe zum nahegelegenen Spielplatz, um dort auf den Bänken weiter zu beratschlagen. Schon vor Stunden hatte sich das Gewitter verzogen und mit ihm auch die Regenwolken. Jetzt war der Himmel wieder klar und die Luft mild und rein. Da war es ein

Vergnügen, im Freien zu tagen, auch wenn von den Obs wohl keiner mehr Sinn für die Schönheiten dieser Sommernacht hatte.
Irgendwann im Lauf der nächsten Stunden fielen dann die entscheidenden Begriffe. Natürlich, das war's: Ku-Klux-Klan – Hütten anstecken – Feuer . . . Feuer!
Da hatten sie ergebnislos hin und her überlegt – dabei lag die Lösung des Problems so nahe: Ausräuchern mußte man die Mörderbrut! Mit lodernden Flammen mußte das Pack aus dem Land getrieben werden!
Na ja, vielleicht sollte man nicht gleich das ganze Haus abbrennen – so ein kleines Warnfeuerchen würde es auch tun. Aber die Atas mußten endlich einmal erfahren, daß es noch echte Deutsche gab, nicht nur solche, die sich hinter einer allzu laschen Regierung versteckten. Deutsche, die noch Recht und Ordnung wollten und zur Not auch bereit waren, selbst dafür zu sorgen. Warum noch lange reden – was konnte dabei schon geschehen? Ein bißchen Rauch, ein kleines Feuer, und die Kanaken würden von allein die Flucht ergreifen.
Wenig später wankten die jungen Männer auf unsicheren Beinen zur Tiefgarage. Dort holte einer aus seiner Abstellbox einen Benzinkanister, und ab ging es im Gänsemarsch zum Block 24.
Erwartungsgemäß fanden sie die Haustür offen. Wie so viele Einrichtungen in der Siedlung war auch das Türschloß schon vor längerer Zeit der Zerstörungswut einiger Bewohner zum Opfer gefallen.
Ohne Schwierigkeiten konnten die Obs daher das Haus betreten und standen kurz darauf vor der Wohnungstür der Familie Nuray. Im Flur herrschte eine beklemmende

Stille, die nur vom schweren Atmen der jungen Männer unterbrochen wurde.
Auf einmal war ihnen allen doch ein wenig mulmig zumute, zumal allmählich auch die betäubende Wirkung des Alkohols etwas nachzulassen begann. Jeder einzelne von ihnen wäre am liebsten umgekehrt und hätte Türken Türken sein lassen. Aber wer wollte schon vor den anderen Feigheit zeigen?
Klaus war es dann, der die anderen aus ihrer gebannten Untätigkeit erlöste. Mit bebenden Händen nahm er den Benzinkanister an sich und goß den Inhalt langsam vor der Wohnungstür der Nurays aus.
Fast gleichzeitig hatte Jürgen eine kleine Farbsprühflasche hervorgezogen, mit der er die einzige noch freie Wandfläche bemalte. »Atas raus aus unserem Land, sonst schmort ihr bald ihm Feuersbrand« schmierte er mit großen, krakeligen Buchstaben an die Wand.
Noch während er, unsicher von einer Seite auf die andere schwankend, mit krampfhaft aufgerissenen Augen sein leuchtendrotes Kunstwerk bewunderte, nahm Klaus ein Taschentuch aus seiner Jeans und tauchte es in die Benzinpfütze am Boden. Eine Sekunde zögerte er noch. Dann – als er in den Augen seiner Freunde ein gieriges Funkeln entdeckte – zündete er das übelriechende Tuch mit seinem Feuerzeug an und warf es hastig in die Lache.
Sofort entzündete sich das Benzin mit einem gewaltigen Fauchen. Zischend und knisternd griffen die Flammen um sich und dehnten sich bereitwillig aus.
Entsetzt über die rasende Geschwindigkeit, mit der die Flammen tobend um sich schlugen, stolperten die jun-

gen Männer hastig durch das Treppenhaus nach unten. Nicht schnell genug konnten sie vom Ort ihrer Heldentat wegkommen – beinahe hätten sie sich gegenseitig umgerannt. Mittlerweile begann die Wirkung des Alkohols etwas nachzulassen, und so rief einer von ihnen: »Mensch, Jungs! Wir müssen die Atas warnen. Die werden bei lebendigem Leib gegrillt!«
»Okay«, gab Klaus japsend zurück. »Wir klingeln unten Sturm, dann werden die Kanaken wach und können verschwinden. Mehr wollten wir ja nicht.«
So geschah es. An der Haustür unten angelangt, drückte Klaus mehrere Male lang anhaltend auf den Klingelknopf neben dem Namen Nuray. Als er überzeugt war, die gefährdeten Schläfer geweckt zu haben, befahl er eilig: »Jetzt aber nichts wie weg hier! Und daß ihr alle schön den Mund haltet, sonst gibt's Ärger!«
Schemengleich hasteten die jungen Männer auseinander. Sekunden später hatte die schweigende Dunkelheit sie aufgesogen.
Keiner von ihnen wußte, daß schon vor längerer Zeit irgendwelche Chaoten auch die Klingelanlage im Block 24 zerstört hatten. So war es in der Wohnung der Familie Nuray – wo bis auf Ismail Nuray, der Nachtschicht hatte, alle im Schlaf lagen – ebenso ruhig geblieben wie in den anderen Wohnungen des Hauses.
Zwar mochte der eine oder andere Mieter hastige Schritte oder unterdrücktes Sprechen gehört haben, aber in der Anonymität der Siedlung wollte sich niemand um solche Dinge kümmern. Keiner der Mieter wäre auf den Gedanken gekommen, nachts bei verdächtigen Geräuschen den Kopf aus der Wohnungstür zu stecken.

Womöglich brachte man sich dadurch in Gefahr. Da war es besser, man mischte sich in nichts ein. So dachten die meisten, sofern sie nicht den Schutz einer größeren Gruppe genossen.
Inzwischen hatte die blakende Benzinflamme die Kunststoffmatte vor der Wohnungstür erreicht. Augenblicke später schmorte und glühte es, dann loderte das Feuer aus der Matte auf.
Schon waren die ehemals weißen Wände rauchgeschwärzt. Bruchstückhaft leuchteten die Worte »schmort« und »Feuersbrunst« durch die wabernden Rauchschwaden. Langsam, aber stetig breiteten sich die Flammen aus, verkrallten sich gierig in die Holztür, leckten daran und bissen sich ihren Weg frei. Durch den Türspalt krochen sie und fanden drinnen im Teppichkleber schnell neue Nahrung.
Jetzt begann auch der Teppichboden zu schmoren. Glutrot verfärbte er sich. Dichter, beißender stiegen die fahlgelben Rauchschwaden auf und füllten den kleinen Wohnungsflur. Von irgendwoher kam plötzlich ein drängendes Knistern, nahm an Intensität zu, schwoll zu einem geisterhaften Raunen an.
Dann erst brach das Feuer offen aus, schlug geifernd und brüllend um sich, fand reichlich Nahrung für seine Unersättlichkeit in Tapeten und in den Mänteln, die an der Garderobe hingen.
Überall war es jetzt, das Feuer, triumphzugveranstaltende Urgewalt, freigelassener Flaschengeist.
Noch immer fest schlafend, begannen die Nurays zu husten. Vereinzelt zunächst, dann häufiger. Giftige Gase krochen besitzergreifend in ihre Blutbahnen, gaukelten

schwebende Träume, sanftes, leichtes Gleiten vor. Selim erwachte, von einem erschütternden Hustenreiz gequält. Nur widerwillig kam er zu sich, blickte sich verwundert um und konnte nicht begreifen, woher der beißende, erstickende Rauch kam, der gleich Nebelbänken durch sein Zimmer zog.

Auf einmal nahm er die glühende Hitze wahr, die unheilschwanger in der Luft lag, hörte das Knistern, Prasseln und Fauchen vor der Tür.

Feuer!

Entsetzt sprang er aus dem Bett, riß erst das Fenster weit auf, dann die Zimmertür. Sekundenlang schien das Feuer den Atem anzuhalten, bevor es in gierigem, nicht enden wollendem Zug den frischen Sauerstoff als kraftspendende Nahrung in sich aufsog.

Nur Sekundenbruchteile später schlug es stärker als zuvor zu, warf sich auf Selim, fegte durch sein Zimmer, verbiß sich in Stoff und Papier, unerbittlich alles ergreifend, was es auf seinem todbringenden Weg vorfand.

Verzweifelt bemühte sich Selim, der grinsenden, zukkenden Geister Herr zu werden, sprang sinnlos hierhin und dorthin, klopfte hier eine Flamme aus, erstickte da eine andere – aber gegen die Übermacht des wohlgenährten Feuers hatte er keine Chance.

Hakma? Er schlief! Die Mutter – Fatma – Emine?

Panikerfüllt stürzte Selim in den Flur hinaus, aber da war längst kein Durchkommen mehr. Unüberwindlich stand die zischende, brüllende Wand aus Rauch und Flammen. Bald hatte Selim jede Orientierung verloren, schon gierte das Feuer an seinem Schlafanzug hoch.

Zurück zu Hakma! Himmel, der Bruder!

Während sich Selim tränenblind und qualvoll hustend zurücktastete, schrie er besinnungslos vor Angst: »Mutter . . . Mutter . . . Mutter!« und wußte doch, daß ihn in diesem Inferno niemand hören konnte. Endlich stand er vor Hakmas Bett. Mühevoll tastete er nach dem Bruder. Da – der kleine Hakma – ganz blau angelaufen! O Allah, nicht das – nicht Hakma!
Behutsam, fast zärtlich nahm Selim den kleinen Körper auf den Arm, irrte zum Fenster, beugte sich hinaus – gierig nach Luft schnappend.
»Hilfe! Hilfe! So helft mir doch!«
Immer wieder schrie er verzweifelt, mit tränenerstickter Stimme seine Not in die wie tot daliegende Siedlung hinaus. Niemand schien ihn zu hören, als wären Hakma und er die beiden einzigen Menschen auf der Welt.
Endlich, nach einer Ewigkeit, wurden irgendwo Fenster geöffnet. Fragende, schlaftrunkene Stimmen erklangen, panikartige Rufe nach der Feuerwehr wurden laut.
Um Selim und den kleinen Hakma war nur noch ein winziger Kreis vom Feuer ausgespart. Jetzt griffen die Flammen auch nach dieser letzten Insel. Wohin?
Nur der Weg aus dem Fenster war noch frei – vier Stockwerke!
O Allah! Warum?

Dreizehntes Kapitel

Monika erwachte mitten in der Nacht. Ein unerklärliches Angstgefühl hatte sich schwer auf ihre Brust gelegt und zwang sie, ganz flach und hastig zu atmen.

Zwei Uhr fünfunddreißig zeigte ihr Wecker.
Undeutlich und wie aus weiter Ferne drangen erregtes Stimmengemurmel, hastige Schritte und vereinzelte Rufe an ihr Ohr. Was mochte das sein? Etwa schon wieder eine Party in der Nachbarschaft?
Langsam kristallisierten sich einzelne Wortfetzen aus der Geräuschkulisse heraus. »Feuer – Türken – Nummer vierundzwanzig« oder ähnliches glaubte Monika verstanden zu haben.
O Gott! Sollte da etwas passiert sein?
Mit fahrigen Bewegungen schlüpfte sie in ihre Kleidung und lief mit zerzausten Haaren ins Wohnzimmer. Dort standen die Eltern hinter der großen Fensterscheibe und starrten mit Entsetzen in den Augen in die Nacht hinaus, die gelegentlich wie von einem fernen Wetterleuchten rötlich erhellt wurde. Hand in Hand standen sie da, die Eltern, als würden sie auf diese Weise Kraft und Trost beieinander suchen. Wie Blinde starrten sie auf den Innenhof hinunter, von dem jetzt Lärm aufstieg.
Sekunden später wußte Monika: Bei Nurays brennt es!
Irgend etwas in ihrem Inneren zerbrach in diesem Augenblick wie sprödes Glas, schaltete ihr Bewußtsein aus und ließ nur noch Raum für Empfindungen. Schmerz, Trauer, Sinnlosigkeit – alles löste sich ab, glitt ineinander über, verdichtete sich. Selim – Selim – Selim hämmerte es in wilder Eintönigkeit in ihr, trieb sie an, ließ sie wie eine vorprogrammierte Maschine handeln.
Monika hörte nicht, daß der Vater rief: »Bleib hier – du kannst da doch nichts machen! Die Feuerwehr ist ja bereits verständigt!« Sie hörte auch nicht, wie die Mutter aufschluchzte: »Bitte, Monika – bitte!«

Sie hatte bereits die Wohnung verlassen und jagte in fieberhafter Eile die Treppen hinab.
Vor Block 24 hatte sich eine unüberschaubare, riesige Menschenmenge versammelt. Mehrere hundert Personen, vom Kleinkind bis zum Greis, füllten den Innenhof zwischen den Häusern oder standen auf Wegen und Abstellflächen, die durch große Schilder nachdrücklich der Feuerwehr als Rettungswege vorbehalten waren.
Mit vor Sensationsgier angehaltenem Atem stierte die Menge zum vierten Stock hoch, wo aus den teilweise zerplatzten Fensterscheiben hohe Feuerlanzen zum Himmel schlugen.
»O Gott!« schrie Monika bei diesem Anblick. »Selim, die Nurays – sind sie gerettet?«
Mit aller Kraft versuchte sie, vorwärtszudrängen und den Hauseingang zu erreichen, aber wie eine Betonmauer wies die starrstehende Menge jeden einzelnen zurück, ließ nur die Triebe der Masse noch gelten.
»Warum hilft denn niemand?« schluchzte Monika verzweifelt.
Sei es, daß das erregte Atmen der Menge ihren Aufschrei übertönte oder daß niemand eine Antwort auf ihre Frage gewußt hätte – jedenfalls blieben selbst die in ihrer nächsten Nähe Stehenden stumm.
Noch einmal nahm das Mädchen einen neuen Anlauf: »Helft doch! Bitte, um Gottes willen – helft doch! Da ist eine ganze Familie im Feuer gefangen!«
In ihrer Besinnungslosigkeit hatte sie es laut herausgeschrien, um die Taubheit der Masse zu durchbrechen. Als es ihr auch diesmal nicht gelang, stieß sie jemanden an, riß einen anderen zu sich herum und zerrte einen

dritten an der Jacke. Endlich wandte sich einer der Umstehenden von dem fesselnden Schauspiel ab. »Nee, Fräulein«, sagte er gemütlich, »da gibt's nichts zu helfen. Aus der Wohnung kommt keiner mehr heraus, das steht fest. Die anderen Familien sind ja in Sicherheit – jetzt kann man nur noch auf die Feuerwehr warten, die dafür sorgen wird, daß ein Übergreifen des Feuers verhindert wird. Helfen?« Verständnislos schüttelte er den Kopf und wandte sich dann wieder dem Spektakel zu.

In diesem Augenblick brüllte die Zuschauermenge in einem einzigen Entsetzensschrei auf. An einem der Fenster im vierten Stock war eine Gestalt aufgetaucht und wieder verschwunden. Da! Da war sie wieder! Sie schwankte, und dann stand sie auf der Fensterbank.

Mit angstgeweiteten Augen starrte Monika zu der Gestalt im Fenster hoch.

»Selim!« Kein Schrei war das, kein Ruf – eher ein qualvolles Aufstöhnen, eine Springflut all ihrer Empfindungen für die hilflose Gestalt, die da oben so unsagbar einsam und schrecklich wehrlos mit dem Feuertod kämpfte.

Noch immer stand Selim auf der schmalen Fensterbank. Blicklos starrte er hinab in die Menge, die unbeweglich und mit angehaltenem Atem jede seiner Bewegungen verfolgte und beobachtete, wie er irgendein Bündel verzweifelt fest an seine Brust gedrückt hielt.

Dann ein einziger tiefer Seufzer aus Hunderten von spannungsrauhen Kehlen.

Hoffnung? Enttäuschung?

In der Ferne ertönten auf- und abschwellende Martinshörner. Eines – zwei – immer mehr. Sie kamen näher und vereinten sich zu einem wilden Heul-

konzert. Zuckende Blaulichter fegten durch die Menge, krochen an den Häuserwänden empor und tauchten die einsame Gestalt auf der Fensterbank in geisterhaft hin und her tänzelnde Irrlichter.
Weit entfernt, allzuweit, kam die rettungsversprechende Armada der Feuerwehren, Rettungs- und Notarztfahrzeuge zum Stehen, lief auf Sandbänke und Klippen aus Sensationsgier und Starrsinn auf.
Sämtliche Zufahrts- und Rettungswege der Siedlung waren durch wahllos stehengelassene Autos oder unnachgiebige Menschentrauben hoffnungslos versperrt. Alle Bemühungen, den großen Rettungsfahrzeugen einen Weg zur Unglücksstelle zu bahnen, waren zum Scheitern verurteilt. So blieb den Helfern nichts anderes übrig, als aus weiter Ferne zu operieren.
Türen flogen auf, Männer in schwerer Schutzkleidung jagten heraus, formierten sich. Kommandos ertönten. Schläuche, Leitern, Hilfsmittel wurden in fieberhafter Eile hervorgeholt und auf riesigen Umwegen an den Unglücksort gebracht. Künstliche Sonnen flammten auf und tauchten das Umfeld von Block 24 in Helligkeit.
Noch waren die Retter weit, da ging ein neuerlicher Entsetzensschrei durch die Zuschauermenge. Die gierigen Flammen in der Wohnung hatten auch nach der letzten kleinen Bastion gegriffen.
Unwirklich langsam schlichen züngelnde, zuckende Flämmchen wie Kobolde an Selims Schlafanzug hoch, krallten sich fest, bissen zu. Unbeweglich stand der Junge, das kleine Bündel noch immer fest an die Brust gedrückt, vor dem Hintergrund der brüllenden Feuerwand. Wie das Abbild einer mittelalterlichen Hexen-

verbrennung oder eines christlichen Märtyrers erschien er in diesem Moment der stöhnenden, ergriffen aufschluchzenden Menge, die fasziniert und entsetzt zugleich nach oben starrte.
Plötzlich drang der unbeschreibliche Schrei einer über die Grenzen des Erträglichen hinaus gequälten Kreatur in das Bewußtsein der Menschenmenge, verstärkt durch den Lärm der jaulenden, wimmernden Sirenen und des brausenden, fauchenden Feuers.
Selim wankte, beugte sich vor. Entsetzt schrie die Menge auf – aber noch einmal fing er sich. Wieder ein qualvoller Schrei der Not, des Schmerzes. Erneut wankte Selim, diesmal stärker . . .
Dann sprang oder stürzte er in die Tiefe, das Bündel an sich geklammert.
Sekundenlang wankte auch die Menge, atmete zischend die lang angehaltene, längst verbrauchte Atemluft aus, stand wieder starr und unbeweglich, hielt erneut den Atem an, war wieder unbeteiligt.
Auch Monika war noch einen winzigen Augenblick lang wie gelähmt, konnte das alles nicht verstehen. Dann gab es für sie kein Halten mehr. Nichts konnte sie jetzt mehr von Selim fernhalten.
Durch die dichte Mauer der unbeweglich stehenden Menschen boxte und trat, wand und schlug sie sich hindurch. Verzweifelt, beinahe hoffnungslos war ihr Kampf, aber sie erreichte schließlich doch ihr Ziel: Selim.
Da lag er, völlig verrenkt, das linke Bein angewinkelt, während das rechte lang ausgestreckt war. Erst jetzt erkannte Monika, daß es sich bei dem Bündel um Hakma

handelte, der still und friedlich auf Selims Brust lag und von seinem Bruder noch immer eisenhart umklammert wurde. Mit hilflos herabhängenden Armen und mit von einer unsagbaren Bürde gebeugtem Rücken stand Monika da und blickte aus Augen, die voller Tränen waren, auf die beiden Gestalten am Boden.

Aber da! Die kleine Gestalt auf Selim bewegte sich ein wenig, wimmerte leise. Und dann: ein Augenzucken – ein unbeschreiblich zärtliches Lächeln, das über Selims blasen- und rußbedecktes Gesicht glitt.

Eine schmerzhafte Glückswelle durchtobte Monikas Körper. Sie lebten, beide! Aufschreiend wollte sie sich auf Selim stürzen, ihn streicheln, küssen, all seine Schmerzen und Leiden in sich aufnehmen.

Da stand plötzlich der Vater neben ihr. Mit hartem Griff hielt er sie am Arm fest und sagte leise: »Nicht, Monika.« Ganz dunkel war seine Stimme, voller Schmerz und Trauer. Bernd Obranowicz wirkte in diesem Moment so weich und verletzbar, wie Monika ihn noch nie erlebt hatte, doch sie hatte kein Blick für ihn.

Endlich waren mehrere Sanitäter und ein Notarzt bei Selim und Hakma eingetroffen. Der Arzt zog ein Stethoskop aus der Kitteltasche, lauschte kurz, gab den Sanitätern einen Wink.

Nur undeutlich drangen Bemerkungen wie »Brandstiftung – Benzin« an Monikas Ohr. Schon waren Selim und Hakma behutsam auf Tragen gelegt worden, und die Sanitäter hasteten mit ihnen durch die Menge, die zögernd und unwillig eine schmale Gasse öffnete.

Durch den Griff des Vaters zur Untätigkeit verurteilt, sah Monika, wie die Feuerwehrleute Leitern an Haus 24

anlegten, über die sie, durch Asbestanzüge geschützt, in die Wohnung der Nurays vordrangen. Andere stürmten, mit Äxten und sonstigem Werkzeug bewaffnet, in den weitgeöffneten Hauseingang.
Endlich gelang es Monika, sich dem Vater zu entziehen. Ohne zu überlegen, stürzte sie in die Menschenmenge, wand und kämpfte sich hindurch, wurde sofort von der dichten Masse aufgesogen.
Nur mühsam konnte sie sich einen Weg bahnen, hatte aber schließlich die Menge überwunden und stand vor einem Rettungswagen, in den die Sanitäter soeben die Trage mit Selim hineinschoben. Offenbar war Hakma bereits weggefahren worden, denn Monika hörte Sirenen, die sich schnell entfernten.
Als sie auf die offene Tür des Rettungsfahrzeugs zuging, in dem sich der Notarzt zu einer ersten Behandlung über Selim beugte, stand sie plötzlich vor Ismail Nuray, den die Polizei wohl soeben von seiner Arbeitsstelle abgeholt hatte.
Kreidebleich und völlig in sich zusammengefallen stand er neben dem Fahrzeug. Die Arme baumelten kraftlos und wie nicht zu ihm gehörend an den Seiten herab. Innerhalb weniger Minuten war sein ehemals schwarzes Haar weiß geworden; tiefe Furchen hatten sich in sein Gesicht gegraben. Stumpf und blicklos waren seine Augen auf Monika gerichtet.
Ob er sie erkannte? Monika wußte es nicht. Und als sie ihn eben ansprechen, irgend etwas sagen wollte, um ihn und sich selbst zu trösten, erklangen hinter ihr Schritte. Sechs Sanitäter mit drei weiteren Tragen, begleitet von Notärzten, die Infusionsflaschen hielten, eilten auf die

geöffneten Rettungsfahrzeuge zu. Stumm wandte Ismail Nuray sich ab und folgte den drei Tragen mit schweren, schlurfenden Schritten.
Schon hatte Monika ihn wieder vergessen. In diesem Augenblick wollte ein Sanitäter die Tür des Notarztwagens schließen.
»Bitte«, flehte Monika den Arzt an, »darf ich mit?«
Der Mann sah nur kurz von seinem Patienten auf. Für lange Fragen blieb keine Zeit, daher zuckte er mit den Schultern und knurrte: »Meinetwegen.«
Schon war sie im Fahrzeug, die Tür schlug zu, Sirenen jaulten gellend auf – dann schoß der Wagen gefährlich schaukelnd um die Ecke.
Während der Fahrt konnte Monika ihren Blick kein einziges Mal von Selim lösen, der regungslos, mit geschlossenen Augen auf seiner Trage lag. Sie bemerkte nicht, wie sie auf dem schmalen Notsitz hin und her geschaukelt wurde.
Ein riesiges, mehrdimensionales Bild tauchte immer wieder vor ihrem inneren Auge auf, und darin waren alle Augenblicke, die sie mit Selim verbracht hatte, alle Gefühle, Farben und Klänge, die sie gemeinsam erfahren hatten, für alle Zeiten unauslöschlich festgehalten. Monika verstand nicht warum, aber allein dieses Bild machte, daß ihre Tränen versiegten und der bohrende Schmerz an Bedeutung verlor.
Kurze Zeit später hielt der Rettungswagen mit aufschreienden Bremsen vor dem Krankenhaus. In jagendem Tempo, so daß Monika kaum folgen konnte, wurde Selim in die chirurgische Ambulanz geschoben. Hinter ihm schloß sich eine schwere Doppeltür – dann war das

Mädchen allein. So allein wie noch nie zuvor in ihrem Leben. Nur im Unterbewußtsein nahm sie die Männer und Frauen wahr, die in weißen oder blauen Kitteln hastig hin und her eilten.
Quälend langsam vergingen die Minuten, und erst jetzt, als ihr Blick wie magisch angezogen an der Wanduhr am Ende des Flurs hing, fragte sich Monika verzweifelt, was wohl aus Selims Familie geworden war. Die Tragen kamen ihr wieder in den Sinn. Fatma, Emine, Frau Nuray – waren sie gerettet? Oder . . .
Langsam und unendlich gleichmäßig zuckte der Sekundenzeiger vorwärts. Irgendwann schien sein rhythmisches Hüpfen dann eine Sperre in Monikas Erinnerungsvermögen gelöst zu haben. Erst unhörbar leise, bald aber immer eindringlicher und schließlich synchron zum Schlag ihres Herzens klang es in ihren Ohren: Brand-stif-tung-Brand-stif-tung-Brand-stif-tung . . .

Vierzehntes Kapitel

Hinter dem Park des Krankenhauses war die Sonne bereits aus einem glutrot leuchtenden Ball zu einer flirrenden Scheibe geworden. Sie tauchte den gefliesten, sterilen, kalten Flur in helles Licht, als Monika erwachte.
Automatisch fiel ihr Blick auf die Wanduhr, deren gespenstisches, knöchernes Tacken ihr vor Stunden so schlimme, aber wahre Gedanken durch den Kopf gejagt hatte – die Erkenntnis, daß das Feuer in der Wohnung der Nurays nicht durch irgendeinen unglücklichen Zufall ausgebrochen, sondern gezielt gelegt worden war.

Halb acht. Selim! Hatte sie wirklich geschlafen? Geschlafen – nach all dem? Oder hatten Schmerz und Trauer sie umgeworfen, betäubt?
Schemenhaft und kaum greifbar jagte eine vage Erinnerung durch ihr Unterbewußtsein, eher ein Traum. Eine Szene, die sie immer stark beeindruckt hatte: Jesus – die Nacht der Leiden – am Ölberg – ganz allein in der Not – und die einzigen, die ihn liebten, schliefen.
Wieder stiegen Tränen in ihr auf. Tränen über Selim, der da irgendwo hinter verschlossenen Türen unschuldig leiden, vielleicht sogar sterben mußte. Tränen aber auch über sich selbst, weil sie sich für schwach hielt und glaubte, versagt zu haben, als Selim sie zum erstenmal wirklich gebraucht hatte.
In ihre niederschmetternden Gedanken hinein wurde, ein Stück von ihr entfernt, eine Tür geöffnet. Müde Schritte schlurften über den Gang, dann stand ein erschöpft aussehender junger Arzt vor ihr.
»Sind Sie mit ihm verwandt?« wollte er wissen.
Einen Augenblick zögerte Monika, ehe sie mit leiser, aber fester Stimme antwortete: »Ich bin die Verlobte.« Und dann löste sich die Anspannung der vergangenen Nacht in einer wahren Sturzflut. »Bitte, Herr Doktor, wie geht es ihm? Wenn er schwer verletzt ist – oder wenn er vielleicht gelähmt bleibt –, wirklich, ich kümmere mich um ihn, ehrlich! Bitte, sagen Sie mir doch . . . Also, wie steht es um ihn?«
Der Arzt blickte sie schweigend aus dunklen, von Müdigkeit umschatteten Augen an. Da fiel Monika in sich zusammen wie ein Luftballon, aus dem die Auftrieb verleihende Gasmischung entwichen ist.

»Ist er . . .«
Wieder schüttelte der Arzt schweigend den Kopf. Dann, nach einer kurzen Pause, sagte er langsam: »Nein, noch nicht. Wir haben alles getan, was in unserer Macht steht – das andere muß ein Größerer tun.« Er blickte sie direkt an. »Sein Vater ist gerade bei ihm.«
Monikas Kopf sank auf die Brust. Sekundenlang verharrte sie so, schweigend und von dem jungen Arzt mitleidig beobachtet. Dann schien ihr von irgendwoher eine neue, unbekannte Kraft zuzufließen.
»Darf ich auch zu ihm?« bat sie mit fester Stimme.
Der Arzt zuckte mit den Schultern, nickte dann und ging ihr voran. Während sie über mehrere lange, hallende Flure liefen, fragte Monika: »Herr Doktor, bitte – wissen Sie, wie es den anderen geht?«
Einen kurzen Augenblick blieb der Arzt stehen. »Die anderen? Ja, die sind wohl über den Berg. Der Kleine kräht schon wieder ganz vergnügt. Die Mutter und die beiden Mädchen haben zwar schwere Rauchvergiftungen, aber die drei bekommen wir schon wieder hin. Allerdings«, fügte er mit einem bitteren Lächeln hinzu, »sehr viel länger hätte es nicht dauern dürfen. Es ist immer dasselbe bei solchen Unglücksfällen – die Neugierigen behindern sämtliche Rettungsarbeiten. Na ja, Glück im Unglück für den Kleinen und die drei Frauen – trotz allem. Ihr Verlobter jedoch . . .« Hilflos zuckte er mit den Schultern und setzte sich wieder in Bewegung.
Wenig später blieb er vor einer Zimmertür stehen, öffnete sie, ließ Monika eintreten.
Trotz des hellen Sommertags herrschte in dem Raum, der auf der Schattenseite des Hauses lag und dessen Fen-

ster mit schweren Vorhängen zusätzlich verdunkelt waren, ein Dämmerlicht wie beim Übergang vom Tag zur Nacht.
Kaum konnte Monika das große, weiße Bett erkennen, wo auf der rechten Seite eine in sich zusammengesunkene Gestalt auf einem Stuhl hockte. In einer Ecke saß zurückgezogen eine Krankenschwester, die der junge Arzt mit einem leichten Wink von der Wache ablöste.
Langsam, mit unsicheren Schritten näherte sich Monika dem Bett von der linken Seite, zog einen Stuhl heran und ließ sich behutsam darauf nieder.
Erst jetzt schien Ismail Nuray auf der anderen Seite des Bettes die Neuhinzugekommene bemerkt zu haben. Wie erwachend hob er den schweren Kopf mit den schneeweiß gewordenen Haaren und blickte Monika an.
Keine Regung war in dem leidzerfurchten Gesicht zu erkennen, das einem alten Mann hätte gehören können. Ausdruckslos und unbeteiligt starrte er Monika an wie eine völlig Fremde.
Dann glitt sein Blick zum Kopfende des Bettes, wo verschiedene Schläuche, an denen offensichtlich Selim angeschlossen war, in mehreren Anschlußbuchsen endeten. Daneben stand ein kleiner Apparat mit einem Bildschirm, über den ständig unregelmäßig gezackte Kurven liefen; zugleich sandte er ein dauerndes, gleichförmiges Piepssignal in das Krankenzimmer.
Ismail Nurays Blick schien durch die Wand hindurch in eine unbekannte Ferne geglitten zu sein. Lange hockte er regungslos da und stierte vor sich hin. Dabei sah Monika, wie sich in seinen ledernen Gesichtszügen die verschiedenartigsten Empfindungen spiegelten.

Als sie den Prozeß des stummen Leidens nicht länger mit ansehen konnte, senkte sie in einem unbewußten Gefühl der Mitschuld den Kopf. Erst in diesem Augenblick sah sie Selims Gesicht zwischen den Leintüchern. Grau und eingefallen sah es aus. An mehreren Stellen war es mit Pflastern bedeckt. Die schmale, gebogene Nase wirkte messerklingendünn, schien irgendwie nicht mehr zu dem Gesicht zu gehören.
Nur unter größter Anstrengung gelang es Monika, ihr Entsetzen, ihre unfaßbare Angst zu unterdrücken. Mußte sie jetzt nicht stark sein? Wenn nicht sie, und dabei fiel ihr Blick wieder auf Ismail Nuray, der wie eine ausgebrannte Ruine wirkte, wer dann?
Im selben Augenblick sah er wieder zu ihr herüber, blickte ihr zwingend in die Augen. Nachdenklich war dieser Blick, unsicher, fragend. Eine Ewigkeit schien für die beiden darüber zu vergehen, nichts anderes zählte mehr als dieser Blick zwischen dem jungen, in kurzer Zeit gereiften Mädchen und dem ehemals kräftigen, jetzt aber alt gewordenen Mann.
Dann senkte Ismail Nuray den Kopf, als wollte er verbergen, daß ihm in einem stummen Weinkrampf die Tränen über die Wangen liefen.
Schwer legte er seine harte Arbeiterhand, die nie etwas anderes gelernt hatte, als zuzupacken, und die in diesem Augenblick zu völliger Untätigkeit verurteilt war, mitten auf die Bettdecke.
Monika wußte sehr wohl um die Bedeutung dieser Geste. Sie erkannte, daß sich hier – trotz der Gefahr, in der Selim schwebte, und über alle ehemals unüberwindlich scheinenden Gegensätze hinweg – eine Brücke auf-

tat, und erlebte für Sekunden ein nie gekanntes, völlig neues Hoffnungsgefühl.
Auch ihre Augen schwammen in Tränen, als sie die eigene, schmale Hand wie ein Versprechen in die Hand des Mannes legte. Ganz unbewußt, wie einen Stromkreis schließend, fand ihre freie Hand die des schlafenden Selim.
Und der schien die vogelleichte Berührung gespürt zu haben. Seine Augenlider begannen unruhig zu zucken, öffneten sich kurz, fielen wieder zu. Dann hatte er die Augen ganz geöffnet. Verständnislos blickte er sich um, entdeckte den Vater, Monika.
»Ihr?« flüsterte er fast unhörbar.
Sofort war der Arzt an seinem Bett. Und während er Selim eine Injektion verabreichte und Ismail Nuray verzweifelt zur Seite blickte, sagte Monika bewußt leichthin: »Natürlich wir. Irgendeiner muß dich doch gesundpflegen.«
»Gesund?« fragte Selim mit leiser Stimme. Dabei lag ein bitteres Lächeln auf seinem Gesicht.
Mühsam unterdrückte Monika ein Aufschluchzen. Nein, Selim sollte sie nicht weinen sehen. Für ihn und für seinen Vater wollte sie stark sein, wollte sie Kraft aus dem Kontakt ihrer Hände gewinnen.
Unbewußt tauchte in ihr die Frage auf, ob sie dieser Verbindung gegenüber nicht sogar zur Kraft verpflichtet war, wenn sie derzeit auch erst zwischen drei Menschen bestand. Dieser Bindung, die Rassen, Geschlechter, Generationen, Traditionen und Kulturen umschloß.
Unwillig schob sie den im Moment unnützen Gedanken beiseite und sah wieder auf Selim, der eingeschlafen

zu sein schien. Nichts war zu hören in dem Krankenzimmer, in dem unbeirrbar die Sonne ihren Kampf gegen das Dämmerlicht aufnahm – nur das schwere Atmen des Mannes und das regelmäßige Piepen des Apparats. Wie in einem unwirklichen Traum auf eine einsame Insel versetzt, fühlte sich Monika.
Dann schlug Selim wieder die Augen auf. »Mir ist, als würde ich schweben«, wisperte er kaum hörbar in den Raum hinein. »Oder als würde ich neben mir stehen und auf mich selbst herabsehen. So fühle ich mich. Ist das Sterben?«
»Du wirst nicht sterben. Du darfst nicht sterben.« Nur mit Mühe konnte Monika verhindern, daß sie die Worte herausschrie. Nicht verhindern konnte sie, daß ihr jetzt doch die Tränen über das Gesicht liefen. Fester, fast verzweifelt war der Druck ihrer Hände geworden.
Längere Zeit hatte Selim geschwiegen. Jetzt murmelte er stockend: »Nicht sterben?«
Plötzlich schien er von irgendwoher neue Kraft erlangt zu haben. »Das ist gut.« Er nickte mit geschlossenen Augen.
»Ich habe nämlich Angst davor. Das ist alles so . . . Ich weiß ja nicht einmal . . . Gehöre ich nun . . . – also, welcher Himmel? Wohin gehöre ich?« Immer leiser war seine Stimme geworden, und trotzdem hatte Monika seine zweifelnden Fragen verstanden.
Während sie ein wenig zur Seite rückte, weil der Arzt wieder an das Bett getreten war und Selim kurz untersuchte, flüsterte sie leise, eher zu sich selbst: »Werd nur erst wieder gesund, dann wirst du erkennen, wohin du gehörst. Ich glaube, Lieber, daß wir heute weder zur ei-

nen noch zur anderen Seite gehören. Wahrscheinlich müssen wir uns eine eigene Insel, vielleicht sogar einen ganz neuen Ozean schaffen. Aber wir werden es hinkriegen. Werd nur wieder gesund.«

Der Arzt hatte seine Untersuchung beendet und Selim noch eine Injektion verabreicht.

»Sie sollten jetzt gehen«, sagte er mit leiser, beruhigender Stimme. »Er schläft – und ich glaube«, dabei flog ein leichtes Lächeln über sein Gesicht, »daß wir uns zu Recht Hoffnungen machen dürfen«, wandte er sich an die beiden Anwesenden.

»Wirklich?« riefen Monika und Ismail Nuray fast gleichzeitig.

Der Arzt dämpfte sofort: »Pssst!«

Auf Zehenspitzen ging er zur Tür, winkte die über den Gang eilende Krankenschwester herein und wartete auf Monika und Selims Vater.

Obwohl man ihm die Anstrengungen der langen Dienstzeit ansah, verabschiedete er sich freundlich von ihnen und bat: »Lassen Sie ihm erst einmal Ruhe – und beten Sie, zu wem auch immer.« Damit verschwand er müden Schrittes in seinem Dienstzimmer.

Noch einen Augenblick standen der Mann und das Mädchen regungslos vor der geschlossenen Tür, dann nahm Monika wie selbstverständlich Ismail Nurays Hand. Ein wenig hatte sich dessen Gestalt in den vergangenen Minuten gestrafft, aber noch immer wirkte er müde und hoffnungslos.

Wie einen Blinden führte sie ihn schweigend über die langen, hallenden Korridore, die ihren gemeinsamen Schritt verstärkt zurückwarfen.

Im Wartesaal vor dem Ausgang erhob sich Bernd Obranowicz langsam aus einem Sessel. Wie von einer schweren Last niedergedrückt, kam er auf die beiden zu. Dann standen sie sich schweigend gegenüber. Sekunden krochen dahin, wurden zur Ewigkeit.
Nachdenklich, fragend blickte Monika ihren Vater an, der seine Augen fest auf den Boden geheftet hatte. Endlich hob er den Kopf und sah auf Ismail Nuray, der traumverloren in unbekannte Räume zu starren schien.
»Wie steht es?« fragte Bernd Obranowicz leise.
»Die anderen kommen durch, und bei Selim dürfen wir Hoffnung haben«, antwortete Monika schnell.
Langsam nickte ihr Vater. »Das ist gut. Gut ist das – sehr gut.« Nach einer kurzen Weile nachdenklichen Schweigens murmelte er wie im Selbstgespräch: »Jürgen und Klaus sind verhaftet worden, weißt du? Sie haben sich selbst gestellt – mehr konnte ich nicht für sie tun, oder? Als ich den Benzingeruch in ihrem Zimmer bemerkte – na ja, da hab' ich sie zur Rede gestellt. Was sollte ich denn tun?« Seine Stimme wurde mehr und mehr von einem inneren Schluchzen erstickt. Seine Hände zitterten. Auch er schien in dieser Nacht um viele Jahre gealtert zu sein.
Voller Mitleid und Verständnis griff Monika mit ihrer freien Hand nach der des Vaters, und wieder waren es vier Hände, die eine Verbindung herstellten.
Lange Zeit standen die drei so, fast regungslos, jeder in seinen eigenen Gedanken verloren. Aber das Schweigen, das zwischen ihnen stand, hatte viel von seinem Schmerz verloren. Es schien nicht länger zu trennen, sondern sie schützend einzuhüllen.

Endlich sagte Bernd Obranowicz stockend: »Herr Nuray, ich . . . Also, es tut mir leid. Ausgerechnet meine Söhne! Warum nur, warum? Natürlich werden wir alles nur Mögliche für Sie und Ihre Familie tun. Sie müssen uns eine Gelegenheit geben, das schlimme Unglück irgendwie wiedergutzumachen. Aber jetzt . . . Ich meine, Sie müssen doch erst einmal irgendwohin. Kommen Sie zu uns, bitte, Herr Nuray! Dann können wir gemeinsam überlegen, wie es weitergeht, ja?«
Fast flehend blickte er Ismail Nuray an, während er auf eine Antwort wartete.
Selims Vater schwieg lange. Dann sagte er fast unhörbar leise, abgehackt, in mühsamem Deutsch: »Geht es denn überhaupt weiter – irgendwie? Ich habe vieles verloren, nicht nur finanziell – das ist zu ersetzen. Aber läßt sich alles andere auch ersetzen? Verstehen Sie: Daß es gerade Ihre Söhne waren, ist nicht das Problem – wenn nicht sie, so wären es eben andere gewesen. Nein, daß so etwas überhaupt geschehen konnte! Hätte man das nicht rechtzeitig verhindern können? Wo liegen eigentlich die Ursachen? Das sind die Fragen, die mich quälen. Andererseits: Darf man in so einer Situation aufgeben? Wäre es nicht unverzeihlich? Da sind schließlich die jungen Leute – vielleicht machen sie es einmal besser als wir?«
Müde zuckte er mit den Schultern und bat abschließend: »Lassen Sie mir Zeit zum Nachdenken. Ich will erst noch einmal nach meiner Familie sehen.«
Wieder zuckte er ratlos mit den Schultern, wandte sich ab und schlurfte langsam zur Treppe.

Nachspiel – Bericht einer örtlichen Tageszeitung

Schwerstadt. Ein gerichtliches Nachspiel fand jetzt vor dem Schwurgericht in Schwerstadt die schwere Brandstiftung im Juni des vergangenen Jahres, bei der fünf Personen zum Teil lebensgefährliche Verletzungen erlitten hatten.
Wie berichtet, hatten die beiden Brüder Jürgen (20) und Klaus O. (18) aus Schwerstadt in der Nacht zum 30. Juni vor der Wohnungstür der türkischen Familie N. in der Wohnglück-Siedlung einen Benzinkanister entleert und das Benzin angezündet.
Hierdurch entwickelte sich in der im vierten Stock liegenden Wohnung der sechsköpfigen Familie rasch ein schwerer Brand, der erst nach stundenlangem Einsatz mehrerer Feuerwehren unter Kontrolle gebracht werden konnte.
Die zur Tatzeit in der Wohnung schlafende Yüksel N. (37) sowie ihre beiden Töchter Fatma (15) und Emine (12) mußten aus der brennenden Wohnung befreit und mit schweren Rauchvergiftungen in ein Krankenhaus eingeliefert werden.
Am schlimmsten hatte der Brand im Wohnungsflur und in dem Schlafraum, der der Wohnungstür am nächsten lag, gewütet. Dort hielten sich der siebzehnjährige Selim N. und sein zweijähriger Bruder Hakma auf. Nur durch einen wagemutigen Sprung aus dem Fenster des vierten Stockwerks konnte Selim sich und den Bruder aus den Flammen retten. Während der kleine Hakma leichte Rauchvergiftungen erlitt und nach wenigen Tagen aus der stationären Behandlung entlassen werden

konnte, waren die Verletzungen des Siebzehnjährigen so schwerwiegend, daß er erst seit kurzem völlig wiederhergestellt ist.

Wegen dieser Tat hatten sich gestern die beiden Brüder O. vor dem Schwerstadter Schwurgericht zu verantworten. Oberstaatsanwalt Rolf, der den Anklagevorwurf des versuchten Mordes bereits während der Beweisaufnahme fallengelassen hatte, forderte in einem fast einstündigen Plädoyer für beide Täter wegen schwerer Brandstiftung eine Freiheitsstrafe von jeweils zehn Jahren.

Dabei führte er im wesentlichen aus, daß nach polizeilichen Erkenntnissen mehrere Personen an der Tat beteiligt gewesen sein mußten.

Es war jedoch so, daß die Angeklagten zu diesem Punkt beharrlich geschwiegen hatten. Als strafverschärfend wertete er, daß sie, ihrem eigenen Geständnis zufolge, in der Vergangenheit bereits mehrfach – wie auch während der Tat – antitürkische Parolen an die Wände des Brandhauses geschmiert hatten, die Haß als das wahre Motiv der Tat erkennen ließen.

Auch müßten, so Oberstaatsanwalt Rolf, die schweren wirtschaftlichen und gesundheitlichen Folgen für die Opfer der Tat bei der Strafzumessung eine besondere Beachtung finden.

Strafmildernd falle allenfalls ins Gewicht, daß die Täter sich möglicherweise im Zustand verminderter Zurechnungsfähigkeit befunden haben könnten und daß sie, nach eigenen, unwiderlegten Angaben, versucht hatten, nach vollendeter Tat die Opfer durch mehrfaches Betätigen der in Block 24 damals beschädigten Klingelanlage zu warnen.

In seiner Erwiderung führte der Verteidiger Dr. Klaasen aus: Nicht, wie fälschlich von der Staatsanwaltschaft angenommen, Haß auf die späteren Opfer im besonderen oder gar Ausländerfeindlichkeit im allgemeinen seien das Motiv der Tat gewesen. Vielmehr sei diese aufgrund jugendlicher Unbesonnenheit und infolge übergroßen Alkoholgenusses verübt worden. Nur noch ein letzter Auslöser für die sinnlose Tat sei vermutlich gewesen, daß die beiden Angeklagten vor längerer Zeit von einer Gruppe türkischer Jugendlicher überfallen und übel zugerichtet worden seien.

Er bat für die Angeklagten um eine milde Strafe.

Das Urteil in diesem Prozeß wird erst in drei Tagen erwartet.

Der Vollständigkeit halber sei noch erwähnt, daß aufgrund bisher ungeklärter Zusammenhänge das Opfer Selim N. in der Siedlung, in der seine Familie und die der Angeklagten wohnen, im Verdacht gestanden hatte, für die Überfälle auf zwei junge Mädchen in Schwerstadt verantwortlich zu sein.

(Wir berichteten darüber.)

Inzwischen konnte der wirkliche Täter, der 36jährige Werner K. aus Essen, festgenommen werden. Gegen ihn wird demnächst, ebenfalls vor dem Schwurgericht in Schwerstadt, wegen versuchten Mordes verhandelt.

Nach der Brandstiftung hatte sich im übrigen in der Schwerstadter Siedlung spontan eine Mieterinitiative gebildet, die erste Hilfsmaßnahmen für die geschädigte Familie N. in die Wege leiten konnte. Durch Bemühungen dieser Initiative erhielt die Familie kurzfristig eine neue Wohnung in der Siedlung.

In einem Gespräch mit der Redaktion wies der Begründer der Mieterbewegung, der 67jährige Karl Stein, darauf hin, daß es seit kurzem in der Siedlung auch einen Ausländertreff gebe. Ziel der einmal wöchentlich stattfindenden Begegnungen sei es, Mißverständnisse und Vorurteile auf beiden Seiten durch besseres Kennenlernen auszuräumen.
Natürlich sei man sich darüber im klaren, daß solche Treffen nur ein erster Ansatzpunkt sein können. Selbst von den Bewohnern der Schwerstadter Siedlung sei nur ein kleiner Teil an gemeinsamen Unternehmungen mit den ausländischen Mitbürgern interessiert. Vorurteile und Feindseligkeiten in der Gesamtbevölkerung abzubauen, erscheine ihm im Augenblick als beinahe unerreichbares Ziel, sagte Karl Stein und fügte hinzu: »Aber irgendwo muß man ja beginnen!«